저자 영크릿(김태형)

· 영어 회화 강사, 작가
· 도합 30만 유튜브 채널 운영
· 클래스유, 클래스101 인기 강사

초·중·고·대·군대까지 모두 한국에서 나온 국내파지만, 지금은 교포로 오해받을 정도의 유창한 영어 실력을 지녔다. 자신의 경험을 살린 토종 한국인을 위한 영어 학습법으로 학생들 사이에서 극찬을 받으며 단숨에 인기 강사가 되었다. 유튜브는 '강한 몰입과 재미를 느끼면 영어는 자동으로 된다'는 신념을 기반으로 운영 중이다.

수많은 학생이 저자의 강연, 도서, 콘텐트를 통해 '함께 하는 영어 독학'을 경험하고 기적과 같은 영어 실력 향상 후기를 전하고 있다. 그는 이런 경험담을 자양분 삼아 더 양질의 영어 콘텐트를 만드는 데 몰두하고 있다. 그러한 콘텐트를 바탕으로 현재 한국인들의 무너진 영어 자존감을 회복하는 데 일조하고 있다.

유튜브 | @YoungCret, @YoungCret_english
클래스유 | 3개월 만에 끝내는 영어로 말하기
클래스101 | 유학 없이 미드 주인공처럼 영어를 구사하게 된 찐방법
네이버카페 | cafe.naver.com/youngcret

_____ 님께 이 책을 드립니다.

하루 한 장

One a Day

인생이 바뀌는
영어 필사

홈페이지 | www.vegabooks.co.kr **이메일** | info@vegabooks.co.kr
블로그 | http://blog.naver.com/vegabooks
인스타그램 | @vegabooks **페이스북** | @VegaBooksCo

하루 한 장

One a Day
인생이 바뀌는
영어 필사

영크릿(김태형) 지음

베가북스
VegaBooks

Prologue

"너희들, 지금부터 백 번 죽었다 깨어나도 영어로 말은 못 한다니까."

영어로 'I'm sorry'도 못하던 제게, 고등학교 담임 선생님이 입버릇처럼 하시던 말씀입니다. 하지만 10년 후, 선생님의 예측이 무색하게도, 저는 초, 중, 고, 대학교, 군대까지 모두 한국에서 나온 토종 국내파지만 영어로 유창하고 자유롭게 소통하고, 영어 교재 베스트셀러를 출간한 작가가 되었습니다. 지금은 30만 명의 글로벌 팔로워들과 영어 지식을 나누며 살아가고 있습니다.

제게 어떻게 이런 변화가 가능했을까요? 아무도 가르쳐주지 않는, 영어 습득의 비밀을 하나 발견했기 때문입니다. 단 한 달 만에 영어를 마스터한다든지 하는 비법이 아닌, 보다 본질적인 비결을요.

아침마다 영어를 크게 외치며 산을 오르던 알리바바의 창업자 마윈, 영화 촬영 현장에서 원어민 배우들과의 소통으로 영어를 배운 성룡, 미드 「프렌즈」를 보며 따라 하기 연습을 통해 영어를 배운 BTS의 멤버 김남준.

날고 기는 영어 고수들의 비법이 모두 제각각 달라 당황스럽겠지만, 결국 이들을 관통하는 한 가지 핵심이자 비결은 이것입니다.

"영어 관련 경험이 나만의, 긍정적인, 행복한 경험인가?"

저는 행복을 주고, 위로가 되며, 희망찬 영어 콘텐트를 듣고 따라 하면서 지금의 영어 실력을 갖추게 되었습니다. 주변에서 들려오는 부정적인 '안 돼(No)'라는 말들을 차단하고, 포기하지 않으면서 엄청난 영어 실력 성장을 경험할 수 있었습니다.

"넌 못 해. 넌 네 영어 실력을 부끄러워해야 해. 그래, 넌 부족해."

이런 말들이 여전히 내면에서 들리시나요? 완벽한 사람은 없습니다. 좀 못 해도 괜찮습니다. 분명한 것은 희망을 잃지 않고 즐겁게 영어로 하루를 시작할 때, 당장 오늘부터 놀라운 변화가 시작될 거란 사실입니다.

내게 즐거운 것이 읽기라면, 마음에 행복을 주는 글귀를 읽고 의지를 다지세요. 쓰기라면, 하루를 시작하며 힘이 되는 문구를 집중적으로 필사하세요. 듣기라면, 위로를 주는 말을 들으며 하루를 마무리하세요. 마지막으로, 나만의 고유한 목소리로 영어를 소리 내어 말할 때, 그동안 멀게만 느껴졌던 영어가 어느새 가까워진 것을 느낄 수 있을 것입니다.

이 책은 영어가 시험 점수를 위한 것이 아닌 여러분의 꿈을 향해 다가가는 발판이 되도록 도울 것입니다. 제가 그런 것처럼 여러분의 여행에 날개를 달아주세요. 그 과정을 함께하며 같이 성장하겠습니다.

"Be proud to be who you are, not what you have."

"내가 무엇을 가지고 있느냐가 아니라, 내가 어떤 사람이냐에 긍지를 가지세요."

YoungCret

Contents

Love

Hope

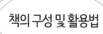

책의 구성 및 활용법

❶ 본문 소리 내서 읽기

영크릿의 엄선된
영어 글귀와 원어민 음성으로
영어 문장과 그 소리에 익숙해집니다.

❷ 주요 표현 파악하기

영어와 한국어 해석을 비교하면서
핵심 표현들의 맥락 속 사용법을
익힐 수 있습니다.

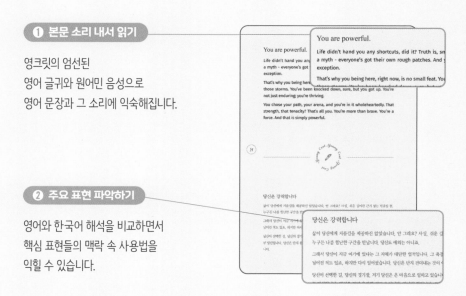

❸ 본문 필사하기

노트에 본문을 필사하면서 아름다운 표현들을
되새길 수 있습니다.

❹ 핵심 단어 체크하기

본문에 쓰인 핵심 단어를 확인하면서
자연스럽게 영어 어휘가 늘어납니다.

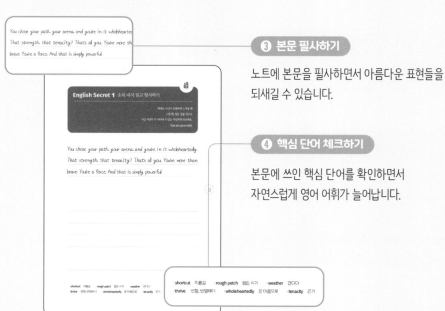

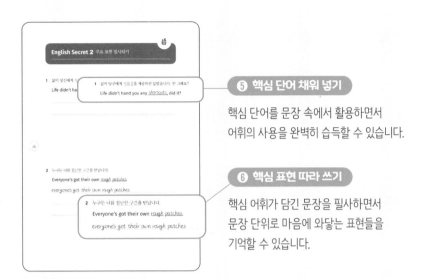

⑤ 핵심 단어 채워 넣기

핵심 단어를 문장 속에서 활용하면서
어휘의 사용을 완벽히 습득할 수 있습니다.

⑥ 핵심 표현 따라 쓰기

핵심 어휘가 담긴 문장을 필사하면서
문장 단위로 마음에 와닿는 표현들을
기억할 수 있습니다.

⑦ 핵심 문장 영작 하기

최소한의 단서로 직접 문장을 떠올리면서
위로가 되는 글귀들을 오래도록
마음에 담을 수 있습니다.

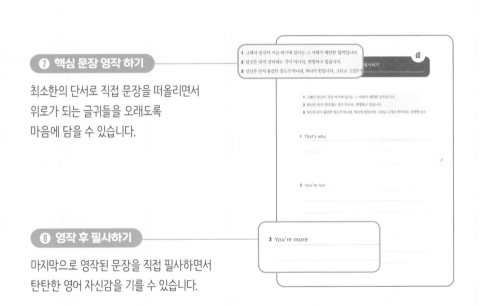

⑧ 영작 후 필사하기

마지막으로 영작된 문장을 직접 필사하면서
탄탄한 영어 자신감을 기를 수 있습니다.

Chapter 1

Empower;
자존감을
높이세요

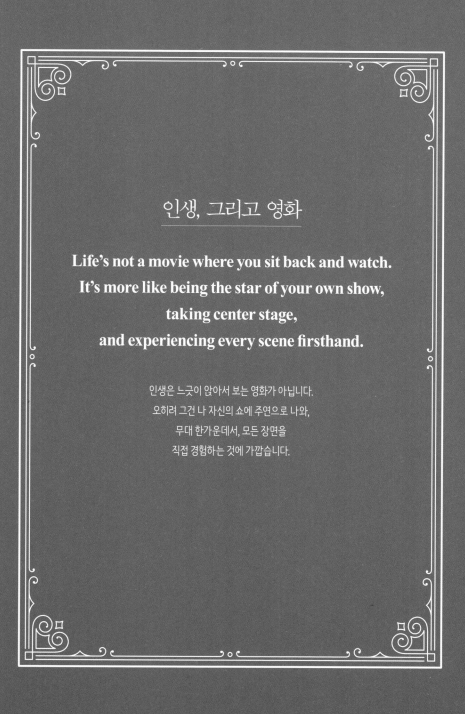

인생, 그리고 영화

Life's not a movie where you sit back and watch.
It's more like being the star of your own show,
taking center stage,
and experiencing every scene firsthand.

인생은 느긋이 앉아서 보는 영화가 아닙니다.
오히려 그건 나 자신의 쇼에 주연으로 나와,
무대 한가운데서, 모든 장면을
직접 경험하는 것에 가깝습니다.

You are powerful.

Life didn't hand you any shortcuts, did it? Truth is, smooth water is a myth - everyone's got their own rough patches. And you? You're no exception.

That's why you being here, right now, is no small feat. You've weathered those storms. You've been knocked down, sure, but you got up. You're not just enduring; you're thriving.

You chose your path, your arena, and you're in it wholeheartedly. That strength, that tenacity? That's all you. You're more than brave. You're a force. And that is simply powerful.

당신은 강력합니다

삶이 당신에게 지름길을 제공하진 않았습니다, 안 그래요? 사실, 쉬운 길이란 근거 없는 믿음일 뿐, 누구든 나름 험난한 구간을 만납니다. 당신도 예외는 아니죠.

그래서 당신이 지금 여기에 있다는 그 자체가 대단한 업적입니다. 그 폭풍을 견뎌냈거든요. 맞아요, 넘어진 적도 있죠, 하지만 다시 일어섰습니다. 당신은 단지 견뎌내는 것이 아니라, 번창하고 있습니다.

당신이 선택한 길, 당신의 경기장, 거기 당신은 온 마음으로 임하고 있습니다. 그 힘, 그 끈기? 그게 전부 당신입니다. 당신은 단지 용감한 정도가 아니라, 하나의 힘입니다. 그리고 그것은 한마디로 강력합니다.

English Secret 1 소리 내서 읽고 필사하기

때때로 자신이 무력하게 느껴질 때
그럴 땐, 힘든 일을 겪고도
지금 여전히 이 자리에 서 있는 자신에게 되뇌세요.
You are powerful.

•shortcut   지름길   •rough patch   힘든 시기   •weather   견디다
•thrive   번창, 번영하다   •wholeheartedly   온 마음으로   •tenacity   끈기

English Secret 2 주요 표현 필사하기

1 삶이 당신에게 <u>지름길</u>을 제공하진 않았습니다, 안 그래요?

Life didn't hand you any _____, did it?

2 누구든 나름 <u>험난한 구간</u>을 만납니다.

Everyone's got their own ____ _____.

1 그래서 당신이 지금 여기에 있다는 그 자체가 대단한 업적입니다.

2 당신은 단지 견뎌내는 것이 아니라, 번창하고 있습니다.

3 당신은 단지 용감한 정도가 아니라, 하나의 힘입니다. 그리고 그것은 한마디로 강력합니다.

1 That's why

_____

_____

_____

2 You're not

_____

_____

_____

3 You're more

_____

_____

_____

The sky is the limit for your worth.

In a world where everything tends to be quantified, remember this: your worth cannot be measured. It's not tied to your bank account balance, or the number of friends you have. It's something far greater and infinitely more profound.

Whenever you feel weighed down by comparisons or external expectations, pause and remind yourself: you are one of a kind. Your capabilities are boundless, your potential is untapped, and your value is immense. Stand tall, not just because of what you've achieved, but because of everything you represent. The possibilities within you are limitless.

당신의 가치는 무한합니다

무엇이든 숫자로 변하기 일쑤인 세상에서, 이것을 기억하세요: 당신의 가치는 측정할 수 없습니다. 그것은 당신 은행 계좌 잔액이 얼마인지, 혹은 당신 친구가 몇인지와는 상관없습니다. 그것은 훨씬 더 위대하고 무한히 심오한 것입니다.

비교나 남들의 기대로 주눅 들 때마다, 잠시 멈추고 기억하세요. 당신은 유일무이한 존재라는 것을. 당신의 능력은 무한하고, 잠재력은 아직 개발되지 않았으며, 당신의 가치는 엄청납니다. 당당히 서세요. 단순히 당신이 성취한 것들 때문이 아니라, 당신이 대변하는 모든 것으로 말입니다. 당신 안에 있는 가능성은 무한합니다.

English Secret 1 소리 내서 읽고 필사하기

지금 당장의 물질이나, 가치에
본인을 한정하고 자책하지 마세요.
당신 자체로서 가치는 무한합니다.
You are one of a kind.

19

• quantify 측량, 정량화하다   • infinitely 무한히, 엄청나게   • feel weigh down 무게를 느끼다
• boundless 무한한   • untapped 도달되지 않은   • immense 거대한, 엄청난

1 무엇이든 <u>숫자로 변하기</u> 일쑤인 세상에서, 이것을 기억하세요: 당신의 가치는 측정할 수 없습니다.

In a world where everything tends to be _____, remember this: your worth cannot be measured.

2 그것은 훨씬 더 위대하고 <u>무한히</u> 심오한 것입니다.

It's something far greater and _____ more profound.

English Secret 3 영작 후 필사하기

1 그것은 당신 은행 계좌 잔액이 얼마인지, 혹은 당신 친구가 몇인지와는 상관없습니다.

2 비교나 남들의 기대로 주눅 들 때마다, 잠시 멈추고 기억하세요.

3 당신 안에 있는 가능성은 무한합니다.

1 It's not

2 Whenever you

3 The possibilities

You command your own destiny.

In shaping your own destiny, remember that you are in charge of your life's journey. It's not about letting chance direct your path, but about actively making choices.

Each decision you make and every action you take moves you forward on your own chosen path. Don't be overwhelmed by the size of your dreams. Start with small steps, keep going, and the way forward will become clear.

True strength comes from understanding that your destiny is not set in stone, but is something you can reach and expand as you grow.

당신의 운명은 당신이 지휘합니다

당신의 운명을 만들어가면서, 그 여정을 책임지는 것은 바로 당신임을 기억하세요. 당신의 진로를 우연한 기회에 맡기는 게 아니라, 적극적으로 선택하는 것입니다.

당신이 내리는 결정 하나하나, 당신이 취하는 행동 하나하나가 당신이 선택한 길로 나아가게 합니다. 꿈의 크기에 압도당하지 마세요. 작은 단계부터 시작해서 계속 나아가면, 앞으로의 길이 분명해질 것입니다.

운명은 정해져 있는 것이 아니라, 성장하면서 이룩하고 넓힐 수 있는 것임을 이해하는 데서 진정한 힘이 나옵니다.

English Secret 1 소리 내서 읽고 필사하기

이상과 현실의 괴리에 힘든가요?
꿈의 크기에 압도당하곤 하나요?
괜찮아요. 모든 여정의 시작은 작은 걸음부터니까.
The way forward will become clearer.

English Secret 2 주요 표현 필사하기

1 당신의 <u>운명</u>을 만들어나가면서, 그 여정을 책임지는 것은 바로 당신임을 기억하세요.

In shaping your own _____, remember that you are in charge
of your life's journey.

2 당신이 내리는 결정 하나하나, 당신이 취하는 행동 하나하나가 당신이 <u>선택한</u> 길
로 나아가게 합니다.

Each decision you make and every action you take moves you
forward on your own _____ path.

English Secret 3 영작 후 필사하기

1 당신의 진로를 우연한 기회에 맡기는 게 아니라, 적극적으로 선택하는 것입니다.

2 꿈의 크기에 압도당하지 마세요.

3 작은 단계부터 시작해서 계속 나아가면, 앞으로의 길이 분명해질 것입니다.

1 It's not

2 Don't be

3 Start with

Have faith in your abilities.

If you're struggling with confidence, start by asking yourself: "What's stopping my progress?" Is there something you do unconsciously every day that, deep down, you know you could change with just a little effort?

Identify and confront such behavior. The core issue is often a lack of self-belief. Today, decide to make a change. Stand in front of the mirror and affirm, "I have the ability to do this. I got this." The most crucial conversations are those you have with yourself. Actively challenge your doubts and shift your mindset.

Believe in your capacity for greatness starting today.

자신의 능력을 믿으세요

자신감 문제로 힘들어하고 있다면, 일단 자신에게 물어보세요: "내 발전을 막는 것은 무엇인가?" 매일 무의식적으로 하고 있지만, 솔직히 조금만 노력하면 바꿀 수 있다고 생각하는 것이 있나요?

그런 행동을 찾아내 정면으로 맞닥뜨리세요. 흔히 문제의 핵심은 자신에 대한 믿음의 부족입니다. 오늘, 변화를 결심하세요. 거울 앞에 서서 자신에게 확실히 말하세요: "나는 이것을 할 능력이 있다. 난 할 수 있어." 가장 중요한 대화는 바로 자기 자신과의 대화입니다. 의심에 적극적으로 맞서고 마음가짐을 바꾸세요.

위대함을 향한 당신의 능력을, 오늘부터 믿기 시작하세요.

English Secret 1 소리 내서 읽고 필사하기

'넌 할 수 있어, 잘하고 있어.'
소중한 사람에게 우리가 자주 하는 말이죠.
그들을 대하듯, 여러분 자신에게도 말해주세요.
I have the ability to do this.

* confidence 자신감 * unconsciously 무의식적으로 * confront 직면하다, 맞서다
* self-belief 자기 확신 * affirm 단언하다, 확인하다 * mindset 마음가짐

1 자신감 문제로 힘들어하고 있다면, 일단 자신에게 물어보세요.

If you're struggling with _____, start by asking yourself.

2 그런 행동을 찾아내 정면으로 맞닥뜨리세요.

Identify and _____ such behavior.

English Secret 3 영작 후 필사하기

1 흔히 문제의 핵심은 자신에 대한 믿음의 부족입니다.

2 가장 중요한 대화는 바로 자기 자신과의 대화입니다.

3 위대함을 향한 당신의 능력을, 오늘부터 믿기 시작하세요.

1 The core

2 The most

3 Believe in

Rise above doubts.

As you move forward in life, doubts may appear. It's important to not let these doubts stop you. See them as challenges to overcome. Believe in your own strength and keep your eyes on your goals.

Each time you face a doubt and move past it, you become stronger and more confident.

This helps you grow and reach higher in life. Keep pushing forward, and turn each doubt into a step towards your success.

의심을 넘어서세요

삶의 여정을 계속하다 보면 의심이 생길 수 있습니다. 하지만 그런 의심 때문에 멈추지 않는 것이 중요합니다. 그것들을 극복해야 할 역경으로 보십시오. 자신의 힘을 믿고 당신의 목표에서 눈을 떼지 마십시오.

의심과 맞닥뜨리더라도 그걸 넘어설 때마다 당신은 더 강해지고 더 자신감에 넘칩니다.

이것이 당신을 더 성장하게 돕고, 더 높은 삶의 목표에 이르게 도울 것입니다. 꾸준히 앞으로 밀고 나가세요, 그리고 의심이 생기면 그것을 성공으로 향하는 한 걸음으로 바꾸어버리세요.

English Secret 1 소리 내서 읽고 필사하기

내가 잘하고 있는 것인지, 항상 불안과 염려로 가득하다면
자신을 의심하는 딱 그만큼만
한 번만 먼저 자신을 믿어주면 어떨까요?
Turn each doubt into a step towards your success.

• doubt 의심   • challenge 도전, 역경   • face 마주하다
• grow 성장하다   • reach 도달하다   • push forward 계속 나아가다

1 삶의 여정을 계속하다 보면 <u>의심</u>이 생길 수 있습니다.

As you move forward in life, _____ may appear.

2 그것들을 극복해야 할 <u>역경</u>으로 보십시오.

See them as _____ to overcome.

English Secret 3 영작 후 필사하기

1 하지만 그런 의심 때문에 멈추지 않는 것이 중요합니다.

2 자신의 힘을 믿고 당신의 목표에서 눈을 떼지 마십시오.

3 의심과 맞닥뜨리더라도 그걸 넘어설 때마다 당신은 더 강해지고 더 자신감에 넘칩니다.

1 It's important

2 Believe in

3 Each time

Unleash your inner giant.

When you see others achieving great things in life, it's easy to fall into cynicism and bitterness. You might wonder, "Why are they dealt such a great hand, and I am not? " However, dwelling on jealousy only poisons your potential for success.

To unleash the giant within you, you must first confront the chaos of potential. Be willing to start as a beginner, because mastery comes from the courage to fail and learn.

Focus on your own goals, and do not compare your journey to anyone else's. That's the key to truly tapping into your full potential.

내면의 거인을 풀어놓으세요

다른 사람들이 삶에서 이룩하는 커다란 성취를 볼 때, 쉽사리 냉소주의와 비통함에 빠질 수 있습니다. "왜 그들은 저렇게 좋은 패를 잡고, 나에게는 그런 패가 없는가?" 궁금할 수 있죠. 하지만, 질투심에 사로잡혀 있는 것은 성공의 잠재력에 독을 탈 뿐입니다.

내면의 거인을 풀어놓으려면, 먼저 잠재력의 혼란을 직면해야 합니다. 기꺼이 초심자로서 시작할 수 있어야 합니다. 숙달의 경지는 실패하고 배우려는 용기에서 비롯되기 때문입니다.

자신의 목표에 집중하고, 자신의 여정을 그 누구의 것과도 비교하지 마세요. 그것이 바로 당신의 진정한 잠재력에 다가가는 열쇠입니다.

English Secret 1 소리 내서 읽고 필사하기

그 누구나 시작할 땐
바보같이 보이고, 초라합니다.
이를 마주하고 강행할 목표와 용기.
You can unleash your inner giant.

- cynicism 냉소주의 · bitterness 쓴맛, 비통함 · jealousy 질투
- potential 잠재력 · unleash 해방하다 · tap into ~ ~에 다가가다, ~을 활용하다

1 다른 사람들이 삶에서 이룩하는 커다란 성취를 볼 때, 쉽사리 냉소주의와 비통함에 빠질 수 있습니다.

When you see others achieving great things in life, it's easy to fall into _____ and _____.

2 하지만, 질투심에 사로잡혀 있는 것은 성공의 잠재력에 독을 탈 뿐입니다.

However, dwelling on jealousy only poisons your _____ for success.

English Secret 3 영작 후 필사하기

1 기꺼이 초심자로서 시작할 수 있어야 합니다. 숙달의 경지는 실패하고 배우려는 용기에서 비롯되기 때문입니다.

2 자신의 목표에 집중하고, 자신의 여정을 그 누구의 것과도 비교하지 마세요.

3 그것이 바로 당신의 진정한 잠재력에 다가가는 열쇠입니다.

1 Be willing

2 Focus on

3 That's the

Cultivate the growth mindset.

Steer your unique journey towards a growth mindset. Each person's path is distinct, shaped by lessons learned from their own experiences.

Mistakes are part of the process; they are opportunities for growth. Failures are valuable data; they enhance your ability to make better decisions.

This mindset isn't just about improvement - it's about evolving constantly. As you continue to move forward, it not only strengthens your resilience but also makes you grow as a person.

성장의 마인드셋을 가꾸세요

성장의 마음가짐을 향해 당신만의 여정을 만들어가세요. 각자의 길은 고유하며, 이는 자신만의 경험에서 배운 교훈으로 형성됩니다.

실수는 전체 과정의 일부이며 성장의 기회입니다. 실패는 귀중한 데이터이며, 더 나은 의사결정의 능력을 북돋워줍니다.

이런 마음가짐은 단순히 나아지는 것이 아니라, 꾸준한 진화를 의미합니다. 쉬지 않고 전진해 나아갈 때, 이는 당신의 회복력을 길러줄 뿐 아니라, 인간으로서의 성장을 이루게 합니다.

English Secret 1 소리 내서 읽고 필사하기

실패하고, 좌절하고, 슬퍼하고
포기할지, 성장할지는
실패를 어떻게 바라보는지에 달려 있습니다.
Failures strengthen your resilience.

•cultivate 함양하다, 가꾸다   •unique 독특한, 고유한   •distinct 독특한, 구별되는
•opportunity 기회   •enhance 높이다   •resilience 회복력

1 각자의 길은 <u>고유하며</u>, 이는 자신만의 경험에서 배운 교훈으로 형성됩니다.

Each person's path is _____, shaped by lessons learned from their own experiences.

_____

_____

_____

2 실패는 귀중한 데이터이며, 더 나은 의사결정의 능력을 <u>북돋워줍니다</u>.

Failures are valuable data; they _____ your ability to make better decisions.

_____

_____

_____

English Secret 3 영작 후 필사하기

1 성장의 마음가짐을 향해 당신만의 여정을 만들어가세요.
2 실수는 전체 과정의 일부이며 성장의 기회입니다.
3 이런 마음가짐은 단순히 나아지는 것이 아니라, 꾸준한 진화를 의미합니다.

1 Steer your

2 Mistakes are

3 This mindset

Be that person.

Have you ever seen someone walk into a room and everything just stops? Some people just have that special something—that vibe that makes everyone pay attention. And you think to yourself, "Why does that person have so much going on?"

Be that person. It starts with loving yourself. Believe it or not, simply feeling good about who you are can change the way others see you. Your confidence is like a silent signal that tells people you are worth noticing.

Work on your self-confidence every day. The more you believe in yourself, the more others will believe in you too. Step into a room and own it, not with words, but with your presence.

그런 사람이 되세요

누군가가 방에 들어서는 순간, 모든 게 그냥 멈춰 버리는 모습을 본 적 있나요? 그런 특별한 무언가를 지닌 사람들이 있죠. 모두가 주목하지 않을 수 없게 만드는 그런 분위기 말입니다. 그럴 땐 스스로 생각하죠. "저 사람에겐 어쩜 저토록 많은 게 있을까?"

바로 그런 사람이 되세요. 그건 자기 자신을 사랑하는 데서 시작됩니다. 믿기 어렵겠지만, 단지 당신 자신에 대해 기분이 좋아지는 것만으로도 다른 사람들이 당신을 보는 방식을 바꿀 수 있습니다. 당신의 자신감은 당신이 주목받을 가치가 있음을 사람들에게 알리는 조용한 신호와 같거든요.

매일 애써 자신감을 키우세요. 자신을 믿을수록 다른 사람들도 당신을 믿게 됩니다. 어디든 걸어 들어가 그 공간을 사로잡으세요. 말이 아니라 당신이란 존재로 말입니다.

English Secret 1 소리 내서 읽고 필사하기

주변에 그런 사람 있죠. 왜, 사랑받고 자란
함께 하는 것만으로도 멋지고 특별한 사람.
당신도 그런 사람이랍니다.
Yes. It starts with just loving yourself.

43

· vibe 분위기, 기운   · pay attention 주목하다   · signal 신호
· worth ~ing ~할 가치가 있다   · own it 장악하다, 지배하다   · presence 존재, 존재감

1 그런 특별한 무언가를 지닌 사람들이 있죠. 모두가 <u>주목하지</u> 않을 수 없게 만드는 그런 <u>분위기</u> 말입니다.

Some people just have that special something—that ＿＿ that makes everyone ＿＿ ＿＿＿＿＿.

＿＿＿＿＿＿＿＿＿＿＿＿＿＿＿＿＿＿＿＿＿＿＿＿＿＿＿＿＿

＿＿＿＿＿＿＿＿＿＿＿＿＿＿＿＿＿＿＿＿＿＿＿＿＿＿＿＿＿

＿＿＿＿＿＿＿＿＿＿＿＿＿＿＿＿＿＿＿＿＿＿＿＿＿＿＿＿＿

2 당신의 자신감은 당신이 <u>주목받을 가치가 있음</u>을 사람들에게 알리는 조용한 <u>신호</u> <u>와</u> 같거든요.

Your confidence is like a silent ＿＿＿＿＿ that tells people you are ＿＿＿＿ ＿＿＿＿＿＿.

＿＿＿＿＿＿＿＿＿＿＿＿＿＿＿＿＿＿＿＿＿＿＿＿＿＿＿＿＿

＿＿＿＿＿＿＿＿＿＿＿＿＿＿＿＿＿＿＿＿＿＿＿＿＿＿＿＿＿

＿＿＿＿＿＿＿＿＿＿＿＿＿＿＿＿＿＿＿＿＿＿＿＿＿＿＿＿＿

English Secret 3 영작 후 필사하기

1 누군가가 방에 들어서는 순간, 모든 게 그냥 멈춰 버리는 모습을 본 적 있나요?

2 바로 그런 사람이 되세요. 그건 자기 자신을 사랑하는 데서 시작됩니다.

3 매일 애써 자신감을 키우세요. 자신을 믿을수록 다른 사람들도 당신을 믿게 됩니다.

1 Have you

2 Be that

3 Work on

You are the master of your destiny.

A lot of us go through hard times in life. Some people are burnt out, others just give up, and still others have insecurities. In fact, the external world is giving us all kinds of reasons to give up. In the name of experts, friends, bosses, it will tell you why you can't do certain things in life. It might seem like the path is already chosen for you. It feels like you are the square peg that's pressed against the round holes to fit in.

But that's an illusion. If you want something, you can have it. Start writing down the things you want, visualize, and get to work. If it's a swing and a miss, try better next time. Slightly, ever so slightly, adjust your strategy time and time again. No one's going to force you to do it. You are the one who can change your own fate.

내 운명의 주인은 바로 나입니다

많은 이들이 인생에서 힘든 시기를 겪습니다. 지쳐버리는 이들도 있고, 포기해버리는 이들도 있으며, 불안에 떠는 이들도 있습니다. 사실 외부 세계는 우리에게 포기할 온갖 이유를 제공합니다. 전문가, 친구, 직장 상사라는 이름으로 왜 인생에서 이런저런 일을 할 수 없는지 얘기해주죠. 당신이 나아갈 길이 이미 정해져 있는 것처럼 보일 수도 있습니다. 마치 당신은 네모난 말뚝인데, 둥근 구멍에 억지로 끼워지는 것처럼 느껴지겠죠.

하지만 그것은 착각일 뿐입니다. 원하는 것이 있다면, 당신은 얻을 수 있습니다. 우선 원하는 걸 적어 놓고, 그걸 눈앞에 그려본 다음, 노력하기 시작하세요. 실패하면 어때요, 다음번에는 더 멋지게 해보는 겁니다. 몇 번이라도 조금씩, 아주 조금씩, 전략을 조정해나가는 겁니다. 아무도 당신에게 강요하지 않습니다. 당신의 운명을 바꿀 수 있는 사람은 바로 당신이니까요.

'내 분수를 알자, 현재에 만족하자.'
이런 생각은 사실 후천적이죠. 하지만 갈망하는 건
우리 모두 타고난 능력입니다.
You're the one who can change your own fate.

• hard times 힘든 시간   • be burnt out 지친, 번아웃 된   • insecurity 불안감, 콤플렉스
• illusion 환상, 착각   • visualize 시각화하다   • swing and a miss 헛방, 실패

English Secret 2 주요 표현 필사하기

1 많은 이들이 인생에서 <u>힘든 시기</u>를 겪습니다.

A lot of us go through ____ _____ in life.

2 <u>지쳐버리는</u> 이들도 있고, 포기해버리는 이들도 있으며, 불안에 떠는 이들도 있습니다.

Some people ____ _____ ___, others just give up, and still others have insecurities.

English Secret 3 영작 후 필사하기

1 당신이 나아갈 길이 이미 정해져 있는 것처럼 보일 수도 있습니다.

2 하지만 그것은 착각일 뿐입니다. 원하는 것이 있다면, 당신은 얻을 수 있습니다.

3 당신의 운명을 바꿀 수 있는 사람은 바로 당신이니까요.

1 It might

2 But that's

3 You are

Secret Plus 영크릿의 원어민처럼 발음하기 ❶

❶ 영상에서 저자의 발음을 직접 들어봅시다.
❷ 저자의 발음을 따라 소리 내서 읽어봅시다.
❸ 밑줄 친 발화 포인트를 살려서 다시 발음해봅시다.
❹ 해당 본문을 본인의 목소리로 녹음해봅시다.

저자 발음 영상

YoungCret

You are the master of your destiny.

A lot of us go through hard times in life. Some people are burnt out, others just give up, and still others have insecurities. In fact, the external world is giving us all kinds of reasons to give up. In the name of experts, friends, bosses, it will tell you why you can't do certain things in life. It might seem like the path is already chosen for you. It feels like you are the square peg that's pressed against the round holes to fit in.

But that's an illusion. If you want something, you can have it. Start writing down the things you want, visualize, and get to work. If it's a swing and a miss, try better next time. Slightly, ever so slightly, adjust your strategy time and time again. No one's going to force you to do it. You are the one who can change your own fate.

You are in charge of your own destiny.
It's not tied to the outstanding amount
in your bank account,
or the number of friends you have.

당신의 운명은 당신이 정해요.
그것은 당신 계좌에 얼마나 남아 있는지,
혹은 당신 친구가 몇인지에 달려 있지 않습니다.

Chapter 2

Comfort;

마음을
어루만져주세요

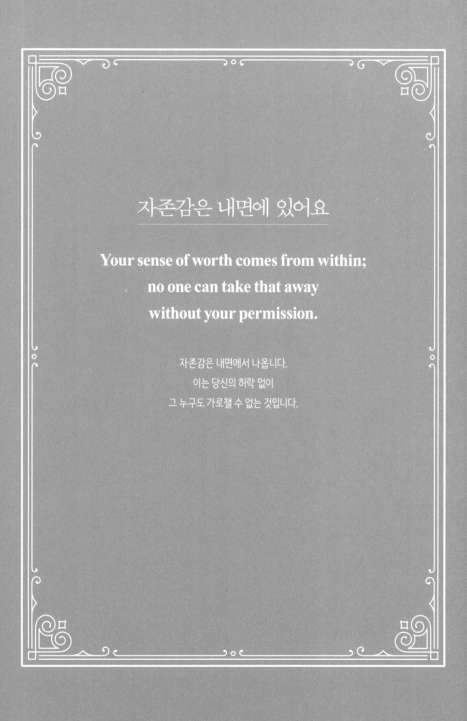

자존감은 내면에 있어요

**Your sense of worth comes from within;
no one can take that away
without your permission.**

자존감은 내면에서 나옵니다.
이는 당신의 허락 없이
그 누구도 가로챌 수 없는 것입니다.

Embrace who you are today.

Embrace who you are today. Understand that you are exactly where you need to be. Let go of the need to be perfect and accept yourself with love and kindness.

Remember, you are good enough just as you are. Forgive your flaws, and trust that the more you love the essence of who you are, the less you'll seek meaningless validation from others.

Your true power lies in being authentically you. Embrace this truth, and watch how your life blossoms.

오늘의 당신을 받아들이세요

오늘의 당신을 받아들이세요. 당신은 지금 있어야 할 바로 그곳에 있음을 아세요. 꼭 완벽해야겠다는 마음을 놓아주고, 사랑과 친절함으로 자신을 받아들이세요.

기억하세요. 당신은 있는 그대로 충분합니다. 자신의 결점을 용서하고 있는 그대로의 내 본질을 사랑할수록, 다른 사람들의 무의미한 인정에 연연하지 않게 될 것임을 믿으세요.

당신의 진정한 힘은 진정으로 당신다운 모습에 있습니다. 이 진실을 받아들이고, 당신의 인생이 어떻게 활짝 피어나는지 지켜보세요.

English Secret 1 소리 내서 읽고 필사하기

인정 욕구를 내려놓는다면 실망할 일도 없어요.
지금 스스로의 모습을
그 자체로 받아들여보세요.
And watch how your life blossoms.

•embrace 포용하다, 받아들이다   •let go of ~ ~를 놓아주다, 내려놓다   •flaw 결점
•essence 본질   •validation 인정   •authentically 진정으로

English Secret 2 주요 표현 필사하기

1 오늘의 당신을 받아들이세요.

_____ who you are today.

2 꼭 완벽해야겠다는 마음을 놓아주고, 사랑과 친절함으로 자신을 받아들이세요.

___ __ __ the need to be perfect and accept yourself with love and kindness.

English Secret 3 영작 후 필사하기

1 당신은 지금 있어야 할 바로 그곳에 있음을 아세요.

2 기억하세요. 당신은 있는 그대로 충분합니다.

3 당신의 진정한 힘은 진정으로 당신다운 모습에 있습니다.

1 Understand that

2 Remember, you

3 Your true

Peace is becoming part of you.

Think of peace as a seed growing inside you. Every positive thought and peaceful moment waters this seed. Imagine your mind like a quiet, sunny garden where peace blossoms. Let every kind action and hopeful word be like sunlight, helping peace grow stronger every day.

Hold onto this peaceful feeling, and carry it with you. It will change the way you see the world and interact with others. Little by little, this peace will become a part of who you are, shining through in everything you do.

평화가 당신의 일부가 됩니다

평화를 당신 내면에서 커가는 씨앗이라고 생각하세요. 모든 긍정적인 생각과 평화로운 순간이 이 씨앗에 물을 줍니다. 당신의 마음이 조용하고 햇살 가득한 정원이라고 상상하세요. 거기서 평화가 꽃을 피웁니다. 친절한 행동과 희망찬 말이 모두 햇빛처럼 되게 하여, 매일 평화를 더욱 튼튼하게 자라도록 하세요.

이 평화로운 느낌을 붙들고, 항상 함께 다니세요. 그것은 당신이 세상을 바라보는 방식과 다른 사람들과의 상호작용 방식을 바꾸어줄 것입니다. 조금씩 이 평화가 당신의 일부가 되어, 당신이 하는 모든 일 속에서 찬란하게 빛날 것입니다.

English Secret 1 소리 내서 읽고 필사하기

일과 중 쌓인 분노와 후회를 돌보지 않고
핸드폰 화면만 보다가 잠드는 게 일상인 당신.
가끔은 눈을 감고, 마음의 텃밭에 평안의 씨앗을 심어주세요.
It will shine through in everything you do.

•seed 씨앗   •positive 긍정적인   •peaceful 평화로운
•blossom 꽃피다   •hold onto 붙들다   •little by little 조금씩

English Secret 2 주요 표현 필사하기

1 평화를 당신 내면에서 커가는 <u>씨앗</u>이라고 생각하세요.

Think of peace as a ＿＿ growing inside you.

2 이 평화로운 느낌을 <u>붙들고</u>, 항상 함께 다니세요.

＿＿ ＿＿ this peaceful feeling, and carry it with you.

English Secret 3 영작 후 필사하기

1 당신의 마음이 조용하고 햇살 가득한 정원이라고 상상하세요. 거기서 평화가 꽃을 피웁니다.

2 친절한 행동과 희망찬 말이 모두 햇빛처럼 되게 하여, 매일 평화를 더욱 튼튼하게 자라도록 하세요.

3 그것은 당신이 세상을 바라보는 방식과 다른 사람들과의 상호작용 방식을 바꾸어줄 것입니다.

1 Imagine your

2 Let every

3 It will

Breathe in strength, exhale doubt.

Don't think of peace as just a temporary state of quiet or calm; it is something that grows within you, flourishing day by day. Let it flow naturally into your thoughts and actions.

Don't panic. Understand that every quiet moment you face is your spirit finding more serenity. Allow yourself to feel it, to breathe it in.

As you do, you'll find that peace is not something you seek externally—it's growing within you, becoming a natural part of your being.

힘을 들이마시고, 의심을 내쉬세요

평화를 단지 일시적으로 고요하거나 평온한 상태로 생각하지 마세요; 그것은 하루하루 번성하며 당신 안에서 자라나는 것입니다. 평화가 당신의 생각과 행동에 자연스럽게 흘러 들어오게 하세요.

고요한 매 순간이 찾아올 때면 당황하지 말고, 당신의 영혼이 더 깊은 평온을 찾은 거라고 이해하세요. 스스로 이를 느끼고, 깊게 들이마시세요.

그렇게 할 때, 평화는 외부에서 찾는 무언가가 아니라, 내 안에서 자라나 자연스러운 내 존재의 일부가 되는 것임을 깨닫게 될 것입니다.

English Secret 1 소리 내서 읽고 필사하기

가만히 무언가에 집중해본 적이 있나요?
화면을 끄고, 음악을 멈추고, 잠시 자신만의 시간을 가질 때
지루함이 아닌, 고요함이 찾아옵니다.

Allow yourself to feel it.

• temporary state   일시인 상태   • flourish   번성하다   • day by day   하루하루
• serenity   평온   • seek   찾다, 구하다   • being   존재

English Secret 2 주요 표현 필사하기

1 평화를 단지 일시적으로 고요하거나 평온한 상태로 생각하지 마세요.

Don't think of peace as just a _____ ____ of quiet or calm.

2 그것은 하루하루 번성하며 당신 안에서 자라나는 것입니다.

It is something that grows within you, _____ __ __ __.

English Secret 3 영작 후 필사하기

1 평화가 당신의 생각과 행동에 자연스럽게 흘러 들어오게 하세요.
2 고요한 매 순간이 찾아올 때면 당황하지 말고, 당신의 영혼이 더 깊은 평온을 찾은 거라
  고 이해하세요.
3 스스로 이를 느끼고, 깊게 들이마시세요.

1 **Let it**

_____

_____

_____

2 **Don't panic.**

_____

_____

_____

3 **Allow yourself**

_____

_____

_____

Trust in your inner wisdom.

Trust in your inner wisdom. It's the deep-seated intuition that guides you, quietly affirming or warning you based on a lifetime of learning. Listen to that gentle voice within - it has witnessed your journey and understands your true potential.

When decisions feel overwhelming, it's this wisdom that can anchor you, helping to clear the noise of the outside world. Other people's opinions are just suggestions. Trust your own instincts; they lead you toward choices that truly resonate with who you are.

내면의 지혜를 믿으세요

당신 내면의 지혜를 믿으세요. 그것은 깊숙이 자리 잡은 직관으로, 평생의 학습을 바탕으로 조용히 확인하거나 경고해줍니다. 그 부드러운 목소리에 귀 기울이세요. 그간 당신의 여정을 목격해왔으며 당신의 진정한 가능성을 알고 있습니다.

결정을 내리기가 버겁게 느껴질 때, 당신을 안정시켜주고 외부 세계의 소음을 걷어내는 것이 바로 이 지혜입니다. 타인의 의견은 그저 제안일 따름입니다. 자신의 본능을 믿으세요. 그것이 본인에게 진정으로 와닿는 선택을 향해 당신을 인도합니다.

English Secret 1 소리 내서 읽고 필사하기

타인의 의견 때문에, 원하던 것을 못 이룬 적이 있나요?
한 번쯤은 내면의 소리를 들어보세요.
내가 정말 원하는 것이 무엇인지.
Listen to your inner voice.

•trust 신뢰하다 •intuition 직관 •gentle 부드러운
•witness 목격하다 •anchor 안정시키다 •resonate 울림이 있다, 와닿다

1 그것은 깊숙이 자리 잡은 <u>직관</u>으로, 평생의 학습을 바탕으로 조용히 확인하거나 경고해줍니다.

It's the deep-seated _____ that guides you, quietly affirming or warning you based on a lifetime of learning.

2 그 부드러운 목소리에 귀 기울이세요. 그간 당신의 여정을 <u>목격해왔으며</u> 당신의 진정한 가능성을 알고 있습니다.

Listen to that gentle voice within - it has _____ your journey and understands your true potential.

English Secret 3 영작 후 필사하기

1 당신 내면의 지혜를 믿으세요.

2 타인의 의견은 그저 제안일 따름입니다.

3 자신의 본능을 믿으세요. 그것이 본인에게 진정으로 와닿는 선택을 향해 당신을 인도합
   니다.

1 Trust in

_____

_____

_____

2 Other people's

_____

_____

_____

3 Trust your

_____

_____

_____

Wash off yesterday's dust.

Look into your mind- what emotions linger there? As you delve deeper, you'll find anxieties, nervousness and resentment clinging to you like dirt. It feels heavy, like you're carrying a backpack full of rocks around.

Maybe that's because you slipped up, said something you didn't mean, or just had one of those days where nothing went right. You know what? That's all right. Today isn't yesterday.

Close your eyes and imagine today's fresh possibilities washing all that away. Life's muddy, sure, but you have the power to choose how long you wear that mud.

<hr />

어제의 먼지를 씻어내세요

당신의 마음속을 들여다보세요. 어떤 감정들이 머무르고 있나요? 더 깊이 파고들면, 불안, 긴장, 그리고 원망이 마치 먼지처럼 당신에게 달라붙어 있는 것을 발견하게 될 거예요. 마치 돌멩이 가득한 배낭을 지고 있는 것처럼 무겁게 느껴지죠.

어쩌면 그건 당신이 실수했거나 의도하지 않은 말을 했거나 아무것도 제대로 안 풀리는 그런 날을 보냈기 때문일 수 있습니다. 그거 알아요? 괜찮아요. 오늘은 어제가 아닙니다.

눈을 감고 오늘의 새로운 가능성이 그 모든 것을 씻어내는 것을 상상해보세요. 인생이 진흙투성이기는 하죠, 하지만 그 진흙을 얼마나 오래 묻히고 다닐지 선택할 힘은 당신에게 있습니다.

English Secret 1 소리 내서 읽고 필사하기

몸과 마음이 점점 무겁게 느껴진다면
혹시 지난날의 후회가 당신을 붙들고 있는 건 아닌가요?
그렇다면 새롭게, 모두 털어버리세요.
Today is not just another yesterday.

· look into 들여다보다 · linger 머무르다 · delve 파고들다
· cling 달라붙다 · slip up 실수하다 · wash away 씻어내다

1 당신의 마음속을 <u>들여다보세요</u>. 어떤 감정들이 <u>머무르고</u> 있나요?

____ ____ your mind- what emotions _____ there?

_____

_____

_____

2 더 깊이 <u>파고들면</u>, 불안, 긴장, 그리고 원망이 마치 먼지처럼 당신에게 <u>달라붙어</u> 있는 것을 발견하게 될 거예요.

As you _____ deeper, you'll find anxieties, nervousness and resentment _____ to you like dirt.

_____

_____

_____

English Secret 3 영작 후 필사하기

1 마치 돌멩이 가득한 배낭을 지고 있는 것처럼 무겁게 느껴지죠.

2 그거 알아요? 괜찮아요. 오늘은 어제가 아닙니다.

3 인생이 진흙투성이기는 하죠, 하지만 그 진흙을 얼마나 오래 묻히고 다닐지 선택할 힘은
당신에게 있습니다.

1 **It feels**

_____

_____

_____

2 **You know**

_____

_____

_____

3 **Life's muddy**

_____

_____

_____

Practice a positive mindset.

We all know that having a positive mindset is beneficial. But how often we truly practice positivity isn't discussed enough. A positive mindset isn't about being overly happy or optimistic all the time.

It begins by systematically removing negative elements from your life. The best way to recognize negativity is to pay close attention to how you feel around people who are negative. Don't waste time trying to fix people who don't have the willingness to change.

Once you clear away the negativity, you'll finally start to feel the wind at your back, pushing you forward.

긍정의 마음가짐을 연습하세요

우리 모두 긍정적인 마인드셋을 가지면 유익하다는 건 알고 있죠. 하지만 우리가 얼마나 자주 긍정을 연습하는지는 충분히 논의되지 않습니다. 긍정적인 마음가짐은 항상 지나치게 행복하거나 낙관적이어야 한다는 게 아닙니다.

그것은 당신의 삶에서 부정적 요소들을 체계적으로 제거하는 것으로부터 시작됩니다. 부정성을 인식하는 가장 좋은 방법은 부정적인 사람들 주변에 있을 때 당신이 느끼는 감정에 주의 깊게 집중하는 것입니다. 변화할 의지가 없는 사람들을 고치려고 시간을 낭비하지 마세요.

부정성을 모두 제거하고 나면, 마침내 등 뒤에서 당신을 앞으로 나아가게 해주는 바람을 느낄 수 있을 것입니다.

English Secret 1 소리 내서 읽고 필사하기

계속해서 지인을 만나고 돌아올 때,
'괜히 만났다'는 생각이 들면,
다음번엔 그런 실수를 하지 않아야 해요.
Remove negative elements from your life.

• positive mindset 긍정적 마음가짐   • beneficial 유익한   • optimistic 낙관적인
• systemically 체계적으로   • willingness (기꺼이 하는) 의지   • clear away 치우다

1 우리 모두 긍정적인 마인드셋을 가지면 유익하다는 건 알고 있죠.

   We all know that having a _____ _____ is _____.

   _____

   _____

   _____

2 긍정적인 마음가짐은 항상 지나치게 행복하거나 낙관적이어야 한다는 게 아닙니다.

   A positive mindset isn't about being overly happy or _____
   all the time.

   _____

   _____

   _____

1 부정성을 인식하는 가장 좋은 방법은 부정적인 사람들 주변에 있을 때 당신이 느끼는 감정에 주의 깊게 집중하는 것입니다.

2 변화할 의지가 없는 사람들을 고치려고 시간을 낭비하지 마세요.

3 부정성을 모두 제거하고 나면, 마침내 등 뒤에서 당신을 앞으로 나아가게 해주는 바람을 느낄 수 있을 것입니다.

1 **The best**

2 **Don't waste**

3 **Once you**

Take your time, it's okay.

"Take your time" - a phrase you would often say at work to express respect and understanding. Why not say it to yourself? When you feel like you're lagging behind as others move seemingly effortlessly ahead, gently remind yourself with these words.

Everyone's path is unique, and moving at your own pace is not just acceptable; it's essential. Allow yourself the time you need; the journey is more important than the speed at which you travel.

Treat yourself with the kindness a good boss shows to a valued employee. Take your time, it's okay. You are doing just fine.

천천히 하세요, 괜찮습니다

"천천히 하셔도 돼요." 직장에서 존중과 이해를 표현하기 위해 종종 사용하는 말이죠. 왜 자신에겐 이 말을 하지 않나요? 다른 사람들은 쉽게 앞서 나가는 것 같은데 나만 뒤처진다고 느낄 때, 이 말을 조용히 자신에게 상기시켜주세요.

모든 사람의 여정은 독특하며, 자신만의 속도로 움직이는 것은 그저 괜찮은 게 아니라 꼭 필요합니다. 당신에게 필요한 시간을 자신에게 허용하세요. 여행의 속도보다는 그 여정이 더 중요합니다.

좋은 상사가 소중한 직원에게 친절함을 보이듯 자기 자신을 대하세요. 천천히 하셔도 괜찮아요. 당신은 잘하고 있습니다.

English Secret 1 소리 내서 읽고 필사하기

'지금 좀 뒤처지면 뭐 어때요. 모두 자신만의 때가 있는 건데요.'

주변에 이런 말을 해주는 어른이 없었다면

오늘부터 자신에게 해주면 어떨까요?

Take your time, it's okay. You got this.

• express 표현하다   • respect 존중   • lag behind 뒤처지다
• seemingly 겉보기에   • effortlessly 쉽게, 노력 없이   • essential 필수적인

English Secret 2 주요 표현 필사하기

1 "천천히 하셔도 돼요." 직장에서 <u>존중</u>과 이해를 <u>표현하기</u> 위해 종종 사용하는 말이죠.

"Take your time" - a phrase you would often say at work to _____ _____ and understanding.

_____

_____

_____

2 다른 사람들은 <u>쉽게</u> 앞서 나가는 것 같은데 나만 <u>뒤처진다고</u> 느낄 때, 이 말을 조용히 자신에게 상기시켜주세요.

When you feel like you're _____ _____ as others move seemingly _____ ahead, gently remind yourself with these words.

_____

_____

_____

English Secret 3 영작 후 필사하기

1 왜 자신에겐 이 말을 하지 않나요?
2 좋은 상사가 소중한 직원에게 친절함을 보이듯 자기 자신을 대하세요.
3 천천히 하셔도 괜찮아요. 당신은 잘하고 있습니다.

1 **Why not**

_____

_____

_____

2 **Treat yourself**

_____

_____

_____

3 **Take your**

_____

_____

_____

No one is perfect.

It may seem counterintuitive, but striving for perfection often leads us away from it. Think about what happens when you try to be a perfectionist: tasks pile up unfinished because you're afraid to make mistakes, you hesitate to try new things, and you procrastinate, thinking you need just a little more time to make everything perfect.

Studies have suggested that individuals who focus on completing as many projects as they can often outperform those who obsess over perfecting a single project. Success truly is about learning from doing and improving through experience.

Embrace your imperfect self. Start small and let go of the need for flawless execution. Progress is what paves the path to true achievement, not perfection.

완벽한 사람은 없습니다

언뜻 이해하기 어려울 수도 있지만, 완벽의 추구가 오히려 우리를 완벽에서 멀어지게 하는 경우가 많습니다. 완벽주의자가 되려고 할 때 무슨 일이 발생하는지 생각해보세요. 실수가 두려워서 끝내지 못한 일들이 쌓이고, 새로운 시도를 망설이며, 모든 것을 완벽하게 하려면 시간이 좀 더 필요하다는 생각에 자꾸만 미루게 됩니다.

한 프로젝트를 완벽하게 끝내려고 집착하는 사람들보다 가능한 한 많은 프로젝트를 완성하려는 사람들이 더 좋은 성과를 낸다는 연구도 있었잖아요. 사실 성공이란 행동에서 배우고 경험을 통해 나아지는 것입니다.

불완전한 자신을 따사롭게 안아주세요. 작게 시작하고, 완벽한 실행에 대한 집착을 버리세요. 진정한 성취로 가는 길은 완벽이 아니라 꾸준한 진척으로 포장되어 있습니다.

English Secret 1 소리 내서 읽고 필사하기

가끔은 인생이 너무 심각하게 여겨질 때
이 현실이 얼마나 엉성하게 얽혀 있는지 생각해보세요.
어차피, 그 누구도 완벽하지 않아요.
So, start embracing your imperfect self.

• **counterintuitive** 이해가 어려운　• **strive for ~** ~를 얻으려 노력하다　• **perfectionist** 완벽주의자
• **hesitate** 주저하다　• **procrastinate** 게으름 피다　• **outperform** (성과를) 능가하다

1 언뜻 <u>이해하기 어려울</u> 수도 있지만, 완벽의 추구가 오히려 우리를 완벽에서 멀어지게 하는 경우가 많습니다.

It may seem _____, but striving for perfection often leads us away from it.

_____

_____

_____

2 <u>완벽주의자</u>가 되려고 할 때 무슨 일이 발생하는지 생각해보세요.

Think about what happens when you try to be a _____.

_____

_____

_____

English Secret 3 영작 후 필사하기

1 불완전한 자신을 따사롭게 안아주세요.

2 작게 시작하고, 완벽한 실행에 대한 집착을 버리세요.

3 진정한 성취로 가는 길은 완벽이 아니라 꾸준한 진척으로 포장되어 있습니다.

1 Embrace your

2 Start small

3 Progress is

Life is a journey, cherish each moment.

Life is a journey, a series of moments stitched together, each one precious and unique. Cherish the simple joys and the quiet moments; they are the threads that weave the fabric of your life's story.

Don't rush through them. Slow down, breathe deeply, and savor the present. This moment is your life as much as any grand milestone.

Remember, the beauty of your journey is not just where it leads you, but the experiences you gather along the way.

인생은 여정이니, 매 순간을 소중히 하세요

인생은 여정입니다. 서로 연결된 순간들의 연속이며, 그 하나하나가 소중하고 독특합니다. 단순한 기쁨과 조용한 순간들을 소중히 여기세요. 그것들은 당신의 인생 이야기를 짜는 실이니까요.

서두르지 마세요. 천천히 하세요. 깊게 숨을 쉬고 현재를 만끽하세요. 지금, 이 순간이 당신의 인생 그 자체입니다. 그 어떤 중대한 달성이나 마찬가지로.

기억하세요, 여정의 아름다움은 그저 어디로 가는지가 아니라, 그 과정에서 얻는 온갖 경험에 있습니다.

English Secret 1 소리 내서 읽고 필사하기

체육 시간 후 창문으로 불어오던 기분 좋은 바람

귀가하면 동네에서 나던 맛있는 집밥 냄새

당신의 모든 순간이 소중해요, 지금 이 책을 읽는 순간도.

Savor the present.

- stich 꿰매다 · precious 소중한 · cherish 소중히 여기다
- weave 짜다 · rush through 서둘러 지나치다 · savor 음미하다, 만끽하다

English Secret 2 주요 표현 필사하기

1 인생은 여정입니다. 서로 연결된 순간들의 연속이며, 그 하나하나가 <u>소중하고</u> 독특합니다.

Life is a journey, a series of moments stitched together, each one _____ and unique.

_____

_____

_____

88

2 단순한 기쁨과 조용한 순간들을 <u>소중히 여기세요</u>.

_____ the simple joys and the quiet moments.

_____

_____

_____

English Secret 3 영작 후 필사하기

1 그것들은 당신의 인생 이야기를 짜는 실이니까요.

2 천천히 하세요. 깊게 숨을 쉬고 현재를 만끽하세요.

3 기억하세요, 여정의 아름다움은 그저 어디로 가는지가 **아니라**, 그 과정에서 얻는 온갖 경험에 있습니다.

1 They are

_____

_____

_____

2 Slow down,

_____

_____

_____

3 Remember, the

_____

_____

_____

Secret Plus 영크릿의 원어민처럼 발음하기 ❷

❶ 영상에서 저자의 발음을 직접 들어봅시다.
❷ 저자의 발음을 따라 소리 내서 읽어봅시다.
❸ 밑줄 친 발화 포인트를 살려서 다시 발음해봅시다.
❹ 해당 본문을 본인의 목소리로 녹음해봅시다.

저자 발음 영상

YoungCret

Life is a journey.
Cherish each moment.

Life is a journey, a series of moments stitched together, each one precious and unique. Cherish the simple joys and the quiet moments; they are the threads that weave the fabric of your life's story.

Don't rush through them. Slow down, breathe deeply, and savor the present. This moment is your life as much as any grand milestone.

Remember, the beauty of your journey is not just where it leads you, but the experiences you gather along the way.

You are good enough just as you are.
Remember, the beauty of your journey is
not just where it leads you,
but the experiences you gather
along the way.

당신은 지금 있는 그대로 충분해요.
기억해요. 당신 여정의 아름다움은
그저 어디로 가는지가 아니라,
그 과정에서 얻는 경험에 있음을.

Chapter 3

Grow;

더
성장하세요

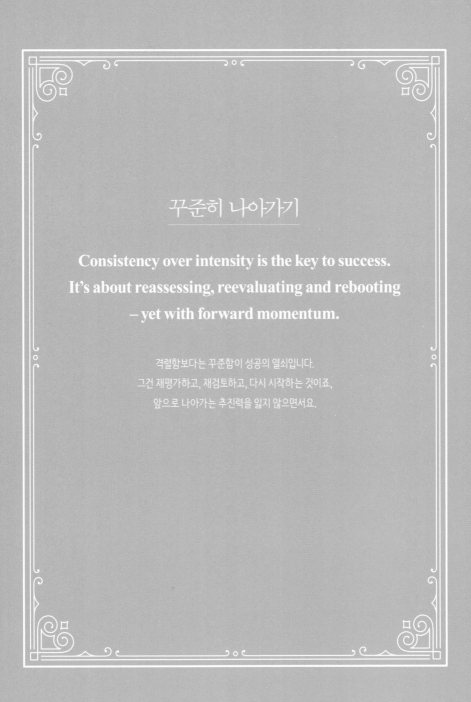

꾸준히 나아가기

**Consistency over intensity is the key to success.
It's about reassessing, reevaluating and rebooting
– yet with forward momentum.**

격렬함보다는 꾸준함이 성공의 열쇠입니다.
그건 재평가하고, 재검토하고, 다시 시작하는 것이죠,
앞으로 나아가는 추진력을 잃지 않으면서요.

You are blossoming.

Look, growth doesn't happen overnight. Achieving your goals is like growing a plant - you've got to keep watering it, adding fertilizer, giving it your constant attention.

Don't compare your fruits to anyone else's. This journey is about you, finding strength in your struggles and learning more about who you are every day. Stay committed, keep pushing, and trust that you are evolving into something greater.

You're not just going through life; you're growing through life.

당신은 활짝 피어나고 있습니다

봐요, 성장은 하룻밤 사이에 일어나는 게 아닙니다. 목표를 달성하는 건 식물을 키우는 것과 같아요. 꾸준히 물을 주고, 비료를 더해주며, 끊임없이 관심을 기울여야 하죠.

다른 사람의 결실과 내 것을 비교하지 마세요. 이 여정은 여러분 자신에 관한 것입니다. 어려움 속에서 힘을 찾고, 매일 자신에 대해 더 배워 나가면서요. 각오를 잃지 말고 계속 밀고 나가며, 당신이 더 위대한 무언가로 발전하고 있다는 것을 믿으세요.

여러분은 그저 하루하루 살아가는 게 아니라, 인생을 통해 성장하고 있으니까요.

English Secret 1 소리 내서 읽고 필사하기

'오늘 하루가 또 흘러갔네.'
인생은 마치 옆으로 흘러가는 것처럼 느껴지지만,
그 중심엔 당신이 있습니다.
You're not going through life. You're growing through life.

• **achieve** 달성하다, 성취하다 • **fertilizer** 비료 • **constant** 꾸준한
• **compare** 비교하다 • **commit** 헌신하다 • **evolve** 진화하다

1 목표를 달성하는 건 식물을 키우는 것과 같아요.

_____ your goals is like growing a plant.

2 꾸준히 물을 주고, 비료를 더해주며, 끊임없이 관심을 기울여야 하죠.

You've got to keep watering it, adding _____, giving it your _____ attention.

English Secret 3 영작 후 필사하기

1 봐요, 성장은 하룻밤 사이에 일어나는 게 아닙니다.

2 다른 사람의 결실과 내 것을 비교하지 마세요.

3 여러분은 그저 하루하루 살아가는 게 아니라, 인생을 통해 성장하고 있으니까요.

1 **Look, growth**

2 **Don't compare**

3 **You're not**

Failures are your greatest teacher.

Failures aren't the end; they're just the beginning of learning something truly important. Every time you fall, it's not a signal to stop - it's a challenge to show the world you have the ability to get right back up.

The greatest lessons come from making mistakes, not from easy wins. You learn what not to do, and get to better yourself more efficiently next time.

Keep in mind, you are not defined by the moments you've failed but by the lessons you've learned.

실패는 가장 위대한 스승입니다

실패는 끝이 아니라, 정말 중요한 걸 배우기 시작하는 순간입니다. 당신이 넘어질 때마다, 그것은 멈추라는 신호가 아니라 다시 일어설 능력이 있음을 세상에 보여주는 도전입니다.

가장 큰 교훈은 쉬운 승리가 아니라, 실수에서 옵니다. 무엇을 하지 말아야 할지 배우고, 다음번에는 더 효율적으로 자신을 개선할 기회를 얻는 것이죠.

잊지 마세요. 당신은 실패한 순간들이 아니라, 거기서 배운 교훈으로 정의되는 사람임을.

English Secret 1 소리 내서 읽고 필사하기

'실패 없이 성공하는 사람은 없다는 것.'
일부러 실패할 필요는 없지만,
그 자체로 사실인 위로의 말.
Show the world you have the ability to get right back up.

•fall 넘어지다   •make mistakes 실수하다   •better 개선하다
•efficiently 효율적으로   •keep in mind 잊지 않다, 명심하다   •define 정의하다

English Secret 2 주요 표현 필사하기

1 당신이 <u>넘어질</u> 때마다, 그것은 멈추라는 신호가 아닙니다.

Every time you ____, it's not a signal to stop.

_____

_____

_____

2 무엇을 하지 말아야 할지 배우고, 다음번에는 더 효율적으로 자신을 <u>개선할</u> 기회를 얻는 것이죠.

You learn what not to do, and get to _____ yourself more efficiently next time.

_____

_____

_____

1 실패는 끝이 아니라, 정말 중요한 걸 배우기 시작하는 순간입니다.

2 다시 일어설 능력이 있음을 세상에 보여주는 도전입니다.

3 가장 큰 교훈은 쉬운 승리가 아니라, 실수에서 옵니다.

1 Failures aren't

2 It's a

3 The greatest

You're not just surviving, you're flourishing.

You're here to do more than just get by; you're here to excel. Far from merely going through the motions, you are thriving.

Push your limits, embrace your mistakes, adapt continuously. Compare yourself to who you were yesterday, as that's the only proper comparison group for your success.

Real growth is about transforming every experience into a step forward. You're flourishing, not just surviving, and that's what makes all the difference.

그저 견디는 게 아니라, 번창하고 있습니다

당신은 그저 그럭저럭 살아가기 위함이 아니라, 뛰어나기 위해 여기 있습니다. 그저 건성으로 하는 것이 아니라, 여러분은 번성하고 있습니다.

한계를 밀어붙이고, 실수를 받아들이며, 끊임없이 적응하세요. 어제의 당신과 지금의 자신을 비교하세요. 당신의 성공을 위한 적절한 비교 대상은 오직 그것뿐이니까요.

진정한 성장은 모든 경험을 한 걸음 더 나아가는 것으로 변화시키는 일입니다. 여러분은 단지 살아남는 것이 아니라 번성하고 있으며, 그것이 모든 차이를 만드는 것입니다.

English Secret 1 소리 내서 읽고 필사하기

'어제의 나보다 1%만 나아지자. 1년 후면 3778% 발전된 내가 있다.'
…라고 해놓고, 실패해서 0.1%만 나아져봐요.
지금보다 44%는 나아질 수 있답니다.
Compare yourself to who you were yesterday.

*get by 그럭저럭하다, 살다   *adapt 적응하다   *continuously 계속해서
*comparison group 비교 그룹, 대상   *transform 변화시키다   *survive 살아남다

1 당신은 그저 그럭저럭 살아가기 위함이 아니라, 뛰어나기 위해 여기 있습니다.

You're here to do more than just ___ __; you're here to excel.

2 한계를 밀어붙이고, 실수를 받아들이며, 끊임없이 적응하세요.

Push your limits, embrace your mistakes, _____ _____.

English Secret 3 영작 후 필사하기

1 그저 건성으로 하는 것이 아니라, 여러분은 번성하고 있습니다.

2 진정한 성장은 모든 경험을 한 걸음 더 나아가는 것으로 변화시키는 일입니다.

3 여러분은 단지 살아남는 것이 아니라 번성하고 있으며, 그것이 모든 차이를 만드는 것입니다.

1 Far from

2 Real growth

3 You're flourishing,

Growth is your natural state.

Growth is your natural state, like a young wolf learning to howl or a tree reaching for the sun. Think about it - nature doesn't stagnate; it evolves, adapts, and grows.

Humans are no different. Whether you're figuring out how to navigate a tough job market, or learning to speak foreign languages, you're programmed to adapt and improve.

It's not about avoiding failure; it's about learning from it, like our ancestors learning to harness fire. Embrace the circumstances, embrace the struggle – it's all fuel for your growth.

성장은 당신의 자연스러운 상태

성장은 당신의 자연스러운 상태입니다. 마치 어린 늑대가 우는 법을 배우거나 나무가 태양을 향해 자라는 것처럼요. 생각해보세요, 자연은 정체되지 않습니다. 진화하고, 적응하며, 성장합니다.

인간도 전혀 다르지 않습니다. 힘든 취업 시장을 헤쳐나가는 법을 알아내든, 외국어로 말하기를 배우든, 우리는 적응하고 개선하도록 프로그램되어 있습니다.

중요한 건 실패를 피하는 게 아니라 그로부터 배우는 것입니다. 마치 우리 조상들이 불 다루는 법을 배운 것처럼요. 상황을 받아들이고, 고난을 받아들이세요. 그 모든 것이 성장을 위한 연료입니다.

English Secret 1 소리 내서 읽고 필사하기

• howl 울다   • stagnate 정체되다   • figure out   알아내다, 파악하다
• navigate 길을 찾다   • ancestor 조상   • harness 다루다, 활용하다

1 성장은 당신의 자연스러운 상태입니다. 마치 어린 늑대가 우는 법을 배우거나 나무가 태양을 향해 자라는 것처럼요.

Growth is your natural state, like a young wolf learning to ____ or a tree reaching for the sun.

2 생각해보세요, 자연은 정체되지 않습니다. 진화하고, 적응하며, 성장합니다.

Think about it - nature doesn't _____; it evolves, adapts, and grows.

English Secret 3 영작 후 필사하기

1 인간도 전혀 다르지 않습니다.

2 힘든 취업 시장을 헤쳐나가는 법을 알아내든, 외국어로 말하기를 배우든, 우리는 적응하고 개선하도록 프로그램되어 있습니다.

3 상황을 받아들이고, 고난을 받아들이세요. 그 모든 것이 성장을 위한 연료입니다.

1 Humans are

_____

_____

_____

2 Whether you're

_____

_____

_____

3 Embrace the

_____

_____

_____

Awake your inner monster.

Did you know that utilizing your assertiveness can significantly boost your success? Research shows that individuals who stand their ground and advocate for themselves often achieve better outcomes, both personally and professionally.

We all possess a side that strives to be overly accommodating due to societal expectations. However, it's crucial to awaken the inner monster - saying 'no' when necessary, setting boundaries, and importantly, not being naive.

Integrate kindness and assertiveness within you. And let your presence radiate charisma to command respect from everyone.

'내 안의 괴물'을 일깨우세요

당신의 적극성을 활용하는 것이 성공에 얼마나 도움이 되는지 알고 계셨나요? 연구에 따르면 자기주장을 굽히지 않고 자신을 적극적으로 변호하는 사람들이 개인적으로든 직장에서든 흔히 더 좋은 결과를 얻는다고 합니다.

우린 모두 사회의 기대에 부응하려고 남에게 지나치게 살갑게 굴려는 측면이 있습니다. 하지만 우리 모두 내면의 괴물을 깨워야 해요. 필요할 땐 '아니오'라고 말하며, 경계를 설정하고, 중요하게는 순진해 빠지지 않는 것이죠.

내면의 친절함과 단호함을 하나로 묶으세요. 그리고 당신의 존재가 카리스마를 발산하여 모든 이로부터 존경받도록 하세요.

English Secret 1 소리 내서 읽고 필사하기

상대의 기대에 부응하려고 너무 애쓰지 마세요.
당신만의 경계를 만들고, 이를 단호하게 제시하세요.
사실, 그래도 돼요.
Say 'no' when necessary.

• utilize 활용하다   • assertiveness 자기주장   • significantly 확실히, 크게
• boost 증가시키다   • stand one's ground 주장을 고수하다   • naive 순진무구한, 착해빠진

English Secret 2 주요 표현 필사하기

1 당신의 적극성을 활용하는 것이 성공에 얼마나 도움이 되는지 알고 계셨나요?

   Did you know that _____ your assertiveness can significantly boost your success?

   _____

   _____

   _____

2 연구에 따르면 자기주장을 굽히지 않고 자신을 적극적으로 변호하는 사람들이 개인적으로든 직장에서든 흔히 더 좋은 결과를 얻는다고 합니다.

   Research shows that individuals who _____ _____ _____ and advocate for themselves often achieve better outcomes, both personally and professionally.

   _____

   _____

   _____

English Secret 3 영작 후 필사하기

1 우린 모두 사회의 기대에 부응하려고 남에게 지나치게 살갑게 굴려는 측면이 있습니다.

2 하지만 우리 모두 내면의 괴물을 깨워야 해요.

3 내면의 친절함과 단호함을 하나로 묶으세요.

1 We all

2 However, it's

3 Integrate kindness

Consistency beats intensity.

Pyramids weren't built in a day. Imagine moving stones from quarries hundreds of miles away and aligning them perfectly—all in just a few days. It's simply not possible. Consistent effort is what makes extraordinary achievements possible.

It applies to everything: working out intensely for three hours a day, every now and then, might seem beneficial but is often less effective than an hour of moderate exercise every day. Ultimately, it's the total effort you invest that determines your success.

In essence, it's about discipline - doing the things you hate to do as if you like to do them. There are no secrets to success; consistent action is the key.

꾸준함이 격렬함을 이깁니다

피라미드는 하루아침에 지어진 것이 아닙니다. 수백 마일 떨어진 채석장에서 돌을 옮기고 완벽하게 정렬한다고 상상해보세요. 그것도 단 며칠 만에 말입니다. 누가 뭐래도 불가능합니다. 비범한 성취를 가능하게 하는 것은 바로 꾸준한 노력이니까요.

이는 모든 것에 적용됩니다. 하루에 세 시간, 어쩌다 한 번씩 격렬하게 운동하는 것이 도움이 된다고 보일 순 있지만, 매일 한 시간씩 적당하게 운동하는 것보다 종종 효과가 떨어집니다. 결국 성공은 당신이 투자하는 노력의 총량에 의해 결정되는 것이죠.

본질적으로, 문제는 자기 규율입니다. 싫어하는 일을 마치 좋아하는 일처럼 해내는 것 말이죠. 성공의 비밀은 없습니다. 꾸준한 실천이 그 열쇠입니다.

English Secret 1 소리 내서 읽고 필사하기

'그냥 하는 거지 뭐.'
강한 동기부여가 성공의 척도가 아님을 깨달을 때
일상의 대단함을 목격할 때, 되뇌면 좋은 말.
Consistency always beats intensity.

•quarry 채석장   •align 정렬하다   •consistent 꾸준한
•extraordinary 비범한   •beneficial 유익한, 도움이 되는   •discipline 자기 규율

English Secret 2 주요 표현 필사하기

1 수백 마일 떨어진 채석장에서 돌을 옮기고 완벽하게 정렬한다고 상상해보세요.

Imagine moving stones from _____ hundreds of miles away and _____ them perfectly—all in just a few days.

_____

_____

_____

2 비범한 성취를 가능하게 하는 것은 바로 꾸준한 노력이니까요.

_____ effort is what makes _____ achievements possible.

_____

_____

_____

English Secret 3 영작 후 필사하기

1 피라미드는 하루아침에 지어진 것이 아닙니다.

2 이는 모든 것에 적용됩니다. 하루에 세 시간, 어쩌다 한 번씩 격렬하게 운동하는 것이 도움이 된다고 보일 순 있지만, 매일 한 시간씩 적당하게 운동하는 것보다 종종 효과가 떨어집니다.

3 성공의 비밀은 없습니다. 꾸준한 실천이 그 열쇠입니다.

1 Pyramids weren't

_____

_____

_____

2 It applies

_____

_____

_____

3 There are

_____

_____

_____

Suffering can't stop you.

We often admire achievements without seeing the struggles behind them. When you read "Harry Potter," you might not think about J.K. Rowling being rejected many times before her book was accepted.

And when you ride in a Tesla, it might not cross your mind that Elon Musk nearly went bankrupt twice before he led one of the most successful companies in the world.

The moral of the story is, everyone faces struggles. Each challenge is a piece of the puzzle that forms the whole picture. If you're going through tough times, remember the old saying: "What doesn't kill you makes you stronger." Suffering doesn't stop you; it prepares you.

고난이 당신을 멈출 순 없습니다

우리는 흔히 성취를 동경하면서 그 뒤에 숨겨진 고난은 보지 못합니다. 『해리 포터』를 읽을 때, 당신은 J.K. 롤링의 책이 수없이 거절당하고서야 비로소 출간되었다는 사실을 아마도 생각하지 않을 겁니다.

그리고 테슬라를 탈 때, 일론 머스크가 세계에서 가장 성공적인 회사 중 하나를 이끌기 전에 두 번이나 파산 직전까지 갔다는 사실이 떠오르지 않을 수 있습니다.

이 이야기의 교훈은, 고난을 겪지 않는 사람은 없다는 것입니다. 역경 하나하나가 전체 그림을 완성하는 퍼즐 조각입니다. 힘든 시간을 겪고 있다면, 오래된 격언을 기억하세요. "날 죽이지 않는 시련은 나를 강하게 만든다." 고난은 당신을 멈춰 세우지 않습니다. 당신을 준비시킬 뿐입니다.

English Secret 1 소리 내서 읽고 필사하기

오늘 하루는 어땠나요, 너무 지치고 힘든 하루를 보냈나요?

그럴 때 쓰는 마법의 주문

'당신을 죽이지 못하는 고난은, 당신을 더욱 강하게 만든다.'

What doesn't kill you makes you stronger.

119

- admire 존경하다, 동경하다 • reject 거절하다 • accept 승낙하다, 받아들이다
- cross one's mind 떠오르다 • go bankrupt 파산하다 • suffering 고난, 고통

1 우리는 흔히 성취를 <u>동경하면서</u> 그 뒤에 숨겨진 고난은 보지 못합니다.

We often _____ achievements without seeing the struggles
behind them.

2 『해리 포터』를 읽을 때, 당신은 J.K. 롤링의 책이 수없이 <u>거절당하고서야</u> 비로소
   출간되었다는 사실을 아마도 생각하지 않을 겁니다.

When you read "Harry Potter," you might not think about
J.K. Rowling being _____ many times before her book was
accepted.

English Secret 3 영작 후 필사하기

1 이 이야기의 교훈은, 고난을 겪지 않는 사람은 없다는 것입니다.
2 역경 하나하나가 전체 그림을 완성하는 퍼즐 조각입니다.
3 고난은 당신을 멈춰 세우지 않습니다. 당신을 준비시킬 뿐입니다.

1 The moral

2 Each challenge

3 Suffering doesn't

From dirt to dawn.

Life starts tough, down in the dirt where it's hard to see the light. But then, the dawn comes. You know those early mornings when you find yourself still tired, still fighting, yet seeing the beginning of a new day.

You didn't just get up to go about your day, no. You are rising from the shadows into the morning light, expecting something good to happen at the end of a tough day of hard working.

It tells you you've made it through another night, and that's worth something. Every new day is a chance to start fresh. Shoulders straight, chin up. You got this.

흙먼지에서 새벽으로

삶은 힘들게 시작합니다. 빛을 볼 수 없는 먼지 아래서요. 그러나 그 후에 새벽이 찾아옵니다. 여러분도 아시죠, 여전히 피곤하고 여전히 싸우고 있지만 새로운 하루의 시작을 보게 되는 그런 이른 아침을요.

당신은 그저 일상을 보내기 위해 일어난 것이 아닙니다. 아니죠. 당신은 어둠을 벗어나 아침 햇살 속으로 솟아오르고 있으며, 열심히 일한 고된 하루 끝에 좋은 일이 일어날 것을 기대하고 있습니다.

그것은 여러분이 한 번 더 밤을 견뎌냈음을 말해주며, 그 자체로 가치가 있는 것입니다. 새로운 날들은 어김없이 새로운 출발의 기회입니다. 어깨를 펴고, 고개를 들어요. 당신은 할 수 있습니다.

English Secret 1 소리 내서 읽고 필사하기

힘든 상황에서도 희망의 실마리가 보이면 꽉 잡고, 놓아주지 마세요.

기대하세요. 비 갠 뒤 새벽은

예상보다 더 아름다울 것이니.

Now, keep shoulders straight, chin up.

• dirt   흙, 먼지   • dawn   새벽   • go about   착수하다, 임하다

• shadow   어두움, 그림자   • make it through   견뎌내다   • chin up   고개를 들다

1 그러나 그 후에 새벽이 찾아옵니다.

But then, the ＿＿ comes.

2 당신은 그저 일상을 보내기 위해 일어난 것이 아닙니다.

You didn't just get up to ＿ ＿＿＿ your day.

English Secret 3 영작 후 필사하기

1 삶은 힘들게 시작합니다, 빛을 볼 수 없는 먼지 아래서요.

2 여러분도 아시죠, 여전히 피곤하고 여전히 싸우고 있지만 새로운 하루의 시작을 보게 되
  는 그런 이른 아침을요.

3 새로운 날들은 어김없이 새로운 출발의 기회입니다. 어깨를 펴고, 고개를 들어요. 당신
  은 할 수 있습니다.

1 Life starts

_____

_____

_____

2 You know

_____

_____

_____

3 Every new

_____

_____

_____

Challenges shape you into who you're meant to be.

Have you ever wondered why it feels so good to conquer something tough? That's because overcoming challenges is a trait that's deeply wired into us. Just like a muscle gets stronger the more you use it, your character builds every time you push through tough times.

We are designed to seek discomfort. So don't be discouraged if you're struggling with a difficult project at work or facing challenges in relationships.

These experiences will pave the way for you to become who you are truly meant to be. The best version of yourself awaits on the other side of that struggle.

역경을 통해 본연의 모습이 됩니다

어려운 일을 정복했을 때 왜 뿌듯한 기분이 드는지 궁금한 적이 있었나요? 그건 도전을 극복하는 것이 우리 안에 깊이 새겨져 있는 습성이기 때문입니다. 근육을 더 사용할수록 강해지는 것처럼, 당신의 성격 또한 힘든 시간을 헤쳐나갈 때 성장합니다.

우리는 불편함을 추구하도록 설계되어 있습니다. 그러니 직장에서 힘든 프로젝트로 고생하거나 인간관계에서 어려움을 겪고 있다고 해서 낙담하지 마세요.

이러한 경험들이 정녕 운명이 정해준 당신의 모습으로 가는 길을 닦아줄 거예요. 가장 훌륭한 모습의 당신이 그 고난의 저편에서 기다리고 있습니다.

English Secret 1 소리 내서 읽고 필사하기

'어른이 되면 모든 게 멋지리라 믿었는데, 이게 다야?'

우리, 그게 다가 아님을 믿어요.

고난의 저편에 있는, 우리 최고의 모습을 향해 가요.

The best version of yourself awaits, on the other side of the struggle.

127

- wonder 궁금해하다
- discomfort 불편함
- conquer 정복하다
- discouraged 낙담한
- be wired into 새겨져 있다
- be meant to ~ ~기로 되어 있다

1   어려운 일을 정복했을 때 왜 뿌듯한 기분이 드는지 궁금한 적이 있었나요?

Have you ever _____ why it feels so good to _____
something tough?

2   그건 도전을 극복하는 것이 우리 안에 깊이 새겨져 있는 습성이기 때문입니다.

That's because overcoming challenges is a trait that __ deeply
_____ ____ us.

English Secret 3 영작 후 필사하기

1 근육을 더 사용할수록 강해지는 것처럼, 당신의 성격 또한 힘든 시간을 헤쳐나갈 때 성장합니다.

2 이러한 경험들이 정녕 운명이 정해준 당신의 모습으로 가는 길을 닦아줄 거예요.

3 가장 훌륭한 모습의 당신이 그 고난의 저편에서 기다리고 있습니다.

---

1 Just like

_____

_____

_____

2 These experiences

_____

_____

_____

3 The best

_____

_____

_____

Secret Plus 영크릿의 원어민처럼 발음하기 ❸

❶ 영상에서 저자의 발음을 직접 들어봅시다.
❷ 저자의 발음을 따라 소리 내서 읽어봅시다.
❸ 밑줄 친 발화 포인트를 살려서 다시 발음해봅시다.
❹ 해당 본문을 본인의 목소리로 녹음해봅시다.

저자 발음 영상

YoungCret

Challenges shape you
into who you're meant to be.

Have you ever wondered why it feels so good to conquer something tough? That's because overcoming challenges is a trait that's deeply wired into us. Just like a muscle gets stronger the more you use it, your character builds every time you push through tough times.

We are designed to seek discomfort. So don't be discouraged if you're struggling with a difficult project at work or facing challenges in relationships.

These experiences will pave the way for you to become who you are truly meant to be. The best version of yourself awaits on the other side of that struggle.

It's not about avoiding failure;
it's about learning from it.
The best version of yourself awaits,
on the other side of that struggle.

실패를 안 하는 게 그리 중요합니까?
실패로부터 배우는 것이 중요하죠.
가장 멋진 당신의 모습이
역경의 저편에서 당신을 기다리고 있어요.

Chapter 4

Socialize;

두루두루
사귀세요

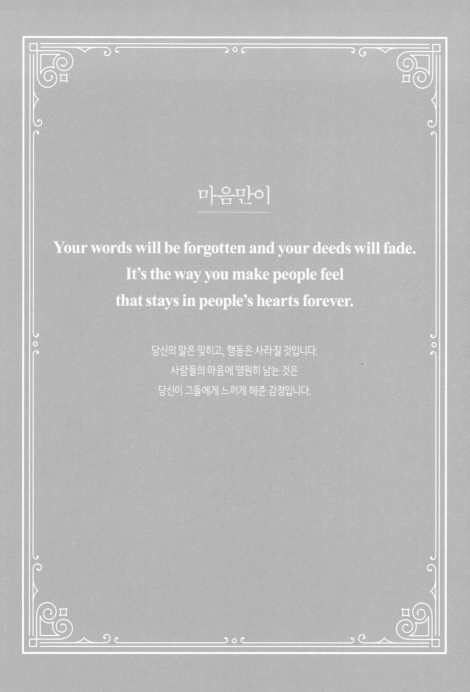

마음만이

Your words will be forgotten and your deeds will fade.
It's the way you make people feel
that stays in people's hearts forever.

당신의 말은 잊히고, 행동은 사라질 것입니다.
사람들의 마음에 영원히 남는 것은
당신이 그들에게 느끼게 해준 감정입니다.

Stay away from narcissistic minds.

In the theater of life, narcissistic individuals play the role of the eternal protagonist: they see themselves as the lead actor in every scene, with others as simply supporting characters.

Their need for constant attention can drain your energy and detract from your own path to success. Distance yourself from those who seek only their own reflection in the eyes of others and find fellowship with those who can genuinely share the stage of life.

Surround yourself with people that cherish the mutual success of each other.

자기도취적인 사람을 멀리하세요

인생이라는 무대에서 자기도취에 빠진 사람들은 언제나 주인공 역할을 합니다. 그들은 모든 장면에서 자신을 주연으로 보고, 다른 사람들은 단순한 조연으로 여깁니다.

끊임없는 주목에 대한 그들의 갈망은 당신의 에너지를 소진하고, 당신이 성공으로 나아가는 길에서 벗어나게 할 수 있습니다. 다른 사람들의 눈에 비친 자기 모습만을 찾는 이들을 멀리하고, 진정으로 인생 무대를 함께 나눌 수 있는 사람들과의 교류를 추구하세요.

서로의 성공을 소중히 여기는 사람들로 주변을 채우세요.

English Secret 1 소리 내서 읽고 필사하기

'얘도 나한테 이러는 이유가 있겠지.'
배려 끝에 남은 건 타버린 심지 같은 내 모습뿐.
이제는, 소중한 사람만을 위해 불탈 때가 왔다는 신호.
Surround yourself with people that cherish mutual success.

· narcissistic 자기도취에 빠진   · individual 각각의, 개인   · protagonist 주인공
· attention 관심   · detract from 벗어나게 하다   · reflection 반사

1 인생이라는 무대에서 자기도취에 빠진 사람들은 언제나 주인공 역할을 합니다.

In the theater of life, narcissistic individuals play the role of the eternal _____.

_____

_____

_____

136

2 끊임없는 주목에 대한 그들의 갈망은 당신의 에너지를 소진하고, 당신이 성공으로 나아가는 길에서 벗어나게 할 수 있습니다.

Their need for constant attention can drain your energy and _____ ___ your own path to success.

_____

_____

_____

English Secret 3 영작 후 필사하기

1 그들은 모든 장면에서 자신을 주연으로 보고, 다른 사람들은 단순한 조연으로 여깁니다.

2 끊임없는 주목에 대한 그들의 갈망은 당신의 에너지를 소진하고, 당신이 성공으로 나아가는 길에서 벗어나게 할 수 있습니다.

3 서로의 성공을 소중히 여기는 사람들로 주변을 채우세요.

1 They see

_____

_____

_____

2 Their need

_____

_____

_____

3 Surround yourself

_____

_____

_____

Surround yourself with inspiring people.

In life, people around you shape your path. Choose to surround yourself with those who inspire and uplift you. Seek out individuals who not only pursue their own dreams but also encourage you to achieve yours.

Like a wise captain choosing a crew, carefully pick those who bring out the best in you. Get inspired by such people, and act on that inspiration.

This is the way to living a happy, healthy, fulfilling life.

영감을 주는 사람들과 함께하세요

인생에서는 당신 주변 사람들이 당신의 길을 만듭니다. 영감을 주고 북돋아주는 사람들과 함께하세요. 자신의 꿈을 추구하면서 당신의 꿈도 이룰 수 있도록 격려해주는 사람들을 찾으세요.

현명한 선장이 선원을 고르듯이, 당신의 최고의 모습을 꺼내줄 사람들을 신중하게 선택하세요. 그런 사람들에게서 영감을 받고, 그 영감을 행동으로 옮기세요.

이것이 행복하고 건강하며 충만한 삶을 사는 길입니다.

English Secret 1 소리 내서 읽고 필사하기

어쩜 그런 날이 있을까?
묵은 일이 해결되고, 아이디어가 샘솟으며, 나조차도 내가 너무 멋진, 그런 날.
그럴 때면, 곰곰이, 함께한 이가 누구였는지 기억해보기.
Because, the people around you shape your path.

・shape 형성하다, 모양으로 만들다   ・surround 둘러싸다   ・inspire 영감을 주다
・uplift 북돋아주다   ・pursue 추구하다   ・bring out ~ ~를 끌어내다

1 영감을 주고 북돋아주는 사람들과 함께하세요.

Choose to surround yourself with those who _____ and _____ you.

2 자신의 꿈을 추구하면서 당신의 꿈도 이룰 수 있도록 격려해주는 사람들을 찾으세요.

Seek out individuals who not only _____ their own dreams but also encourage you to achieve yours.

English Secret 3 영작 후 필사하기

1 인생에서는 당신 주변 사람들이 당신의 길을 만듭니다.

2 그런 사람들에게서 영감을 받고, 그 영감을 행동으로 옮기세요.

3 이것이 행복하고 건강하며 충만한 삶을 사는 길입니다.

1 **In life,**

_____

_____

_____

2 **Get inspired**

_____

_____

_____

3 **This is**

_____

_____

_____

Steer clear of toxic influences.

Make friends with people who genuinely want the best for you. Steer clear of those who are cynical and bitter towards your dreams; such negativity often stems from their own unfulfilled aspirations. These individuals will only drag you down to justify their own failures.

Surround yourself with people who possess the wisdom to support you when you are on the right path, and to guide you when you're heading in a destructive direction.

해로운 영향을 받지 마세요

당신을 진정으로 응원하는 사람들과 친구가 되세요. 당신의 꿈에 대해 냉소적이고 못마땅해하는 사람들을 가까이하지 마세요. 이러한 부정적인 태도는 종종 그들 자신의 이루지 못한 열망에서 비롯됩니다. 이런 사람들은 자신의 실패를 정당화하기 위해 당신을 끌어내리기만 할 것입니다.

당신이 올바른 길에 있을 때 당신을 지지해주고, 파멸의 방향으로 가고 있을 때 당신을 바로잡아 줄 지혜를 갖춘 사람들로 주변을 채우세요.

English Secret 1 소리 내서 읽고 필사하기

당신이 안 되는 이유 x, y, z…

요즘 정말, 현실주의자의 탈을 쓴 냉소주의자가 너무 많아.

꿈이 죽지 않게 소중히 지키도록 해요.

Steer clear of people who are always cynical about your dreams.

• want the best for ~ ~가 잘되기를 바라다   • steer clear 가까이 가지 않다   • cynical 냉소적인
• bitter 못마땅해하는   • stem from ~ ~로부터 비롯하다   • justify 정당화하다

1 당신을 진정으로 응원하는 사람들과 친구가 되세요.

Make friends with people who genuinely ___ __ ___ __ you.

_____

_____

_____

2 당신의 꿈에 대해 냉소적이고 못마땅해하는 사람들을 가까이하지 마세요. 이러한 부정적인 태도는 종종 그들 자신의 이루지 못한 열망에서 비롯됩니다.

_____ _____ of those who are cynical and bitter towards your dreams; such negativity often _____ ___ their own unfulfilled aspirations.

_____

_____

_____

English Secret 3 영작 후 필사하기

1 당신을 진정으로 응원하는 사람들과 친구가 되세요.

2 당신의 꿈에 대해 냉소적이고 못마땅해하는 사람들을 가까이하지 마세요.

3 당신이 올바른 길에 있을 때 당신을 지지해주고, 파멸의 방향으로 가고 있을 때 당신을 바로잡아 줄 지혜를 갖춘 사람들로 주변을 채우세요.

1 Make friends

2 Steer clear

3 Surround yourself

You're building bridges.

Research in psychology shows that our emotions and behaviors are interconnected through complex social networks. When we build relationships - our bridges with others - we are not just connecting socially but emotionally.

Happiness shared is often happiness doubled because of our innate empathy and mirror neurons, which cause us to reflect the emotional states of those around us.

When you contribute to someone else's happiness, you directly influence the emotional atmosphere around you. As you make other people happy, you are building bridges to the world.

당신은 다리를 놓고 있는 겁니다

심리학 연구에 따르면 우리의 감정과 행동은 복잡한 사회의 네트워크를 통해 서로 연결되어 있습니다. 우리가 관계를(우리와 타인을 이어주는 다리를) 구축할 때, 우린 단지 사회적으로만이 아니라 감정적으로도 연결됩니다.

행복은 나눌 때 종종 두 배가 됩니다. 우리의 타고난 공감 능력과 거울 뉴런이 주변 사람들의 감정 상태를 반영하게 하기 때문이지요.

당신이 다른 사람의 행복에 기여할 때, 당신은 주변의 정서적 분위기에 곧바로 영향을 미칩니다. 다른 사람을 행복하게 할 때, 당신은 세상을 향한 다리를 놓고 있는 것입니다.

English Secret 1 소리 내서 읽고 필사하기

147

• **psychology** 심리학 • **interconnect** 상호 연결하다 • **innate** 타고난
• **empathy** 공감, 감정이입 • **reflect** 반영하다 • **atmosphere** 분위기

1 심리학 연구에 따르면 우리의 감정과 행동은 복잡한 사회의 네트워크를 통해 <u>서로 연결되어</u> 있습니다.

Research in psychology shows that our emotions and behaviors are ＿＿＿＿＿＿ through complex social networks.

2 행복은 나눌 때 종종 두 배가 됩니다. 우리의 <u>타고난</u> 공감 능력과 거울 뉴런이 주변 사람들의 감정 상태를 반영하게 하기 때문이지요.

Happiness shared is often happiness doubled because of our ＿＿＿＿ empathy and mirror neurons, which cause us to reflect the emotional states of those around us.

English Secret 3 영작 후 필사하기

1 우리가 관계를(우리와 타인을 이어주는 다리를) 구축할 때, 우린 단지 사회적으로만이 아니라 감정적으로도 연결됩니다.

2 행복은 나눌 때 종종 두 배가 됩니다. 우리의 타고난 공감 능력과 거울 뉴런이 주변 사람들의 감정 상태를 반영하게 하기 때문이지요.

3 다른 사람을 행복하게 할 때, 당신은 세상을 향한 다리를 놓고 있는 것입니다.

1 When we

2 Happiness shared

3 As you

Shake hands with good hearts.

Jealousy is the misplaced aspiration of those who fall short - it's a loser's game. Often, those who try to bring you down are driven by their own resentment and failures, projecting their dissatisfaction onto those who have what they desire. So whether in business, relationships, or any professional environment, it's crucial to connect with people who are positive, loving, and self-confident.

As you climb the ladder of success, surround yourself with those who celebrate your achievements and get inspiration from your journey, just as you do from theirs. This mutual support not only enhances your success but also has a significant compounding effect. Seek out companions who will rise with you, sharing the upward path of life.

착한 사람들과 친해지세요

질투는 모자라는 사람들의 잘못된 열망입니다. 패배자들이나 하는 짓이죠. 당신을 끌어내리려는 사람들은 흔히 자신의 원망과 실패 때문에 그러는 것이며, 그들이 갖고 싶은 걸 가진 사람들에게 자신의 불만을 투영합니다. 그래서 사업이든, 관계든, 직업 환경이든, 긍정적이고 사랑이 넘치며 자신감 있는 사람들을 만나는 것이 매우 중요합니다.

성공의 사다리를 올라갈 때, 당신의 성취를 축하해 주고 당신의 여정에서 영감을 얻는 사람들과 함께 하세요. 당신이 그들의 여정에서 영감을 얻듯이 말입니다. 이러한 상호 지지는 당신의 성공을 드높일 뿐만 아니라 상당한 복리 효과까지 줍니다. 당신과 더불어 성장하고 삶의 오르막길을 함께할 동반자를 찾으세요.

English Secret 1 소리 내서 읽고 필사하기

30대에 깨달은 가장 큰 깨달음 두 가지요?
1. 묘하게 일이 잘 안 풀릴 땐, 대개 주변의 질투 때문이더라.
2. 애초에 자존감 높은 친구를 사귀면 좋더라.
Surround yourself with these types of people.

- fall short 못 미치다 • bring down 끌어내리다, 무너뜨리다 • driven by ~ ~에 이끌려
- resentment 억울함, 분개 • dissatisfaction 불만족 • crucial 지극히 중요한

1 질투는 <u>모자라는</u> 사람들의 잘못된 열망입니다. 패배자들이나 하는 짓이죠.

Jealousy is the misplaced aspiration of those who ___ ___ -
it's a loser's game.

_____

_____

_____

2 당신을 <u>끌어내리려는</u> 사람들은 흔히 자신의 원망과 실패 때문에 그러는 것이며,
그들이 갖고 싶은 걸 가진 사람들에게 자신의 불만을 투영합니다.

Often, those who try to _____ you ___ are driven by their own
resentment and failures, projecting their dissatisfaction onto
those who have what they desire.

_____

_____

_____

1 성공의 사다리를 올라갈 때, 당신의 성취를 축하해 주고 당신의 여정에서 영감을 얻는
 사람들과 함께하세요. 당신이 그들의 여정에서 영감을 얻듯이 말입니다.

2 이러한 상호 지지는 당신의 성공을 드높일 뿐만 아니라 상당한 복리 효과까지 줍니다.

3 당신과 더불어 성장하고 삶의 오르막길을 함께할 동반자를 찾으세요.

1 As you

153

2 This mutual

---

3 Seek out

Charisma runs through your existence.

You possess a force, a raw energy that radiates from your very core. Yet, there is a limit to your belief in yourself, a belief that you can achieve whatever you set your mind to.

When you give in to temptation and stray from the necessary path to reach your goals, this doubt grows larger and may eventually hinder the powerful force you truly are.

But when you believe in yourself, convinced that nothing can harm you and that you can achieve your goals through discipline and hard work, nothing is impossible. Your true charisma shines through when you act on this belief.

당신의 존재에 카리스마가 흐릅니다

당신은 가장 깊은 곳에서 뿜어져 나오는 힘, 원초적인 에너지를 가지고 있습니다. 그러나 마음먹은 것은 무엇이든 해낼 수 있다는 자신에 대한 믿음에는 제한이 걸려 있습니다.

유혹에 굴복하고 목표를 이루는 데 필요한 길에서 벗어날 때, 이 의심은 점점 커져 결국 당신이 진정으로 가진 강력한 힘을 방해할 수 있습니다.

하지만 당신이 자신을 굳게 믿을 때, 아무것도 당신을 해치지 못하며 규율과 노력으로 목표를 달성할 수 있다고 확신할 때, 불가능한 것은 없습니다. 이러한 믿음에 따라 행동할 때, 당신의 진정한 카리스마가 환히 빛나게 됩니다.

English Secret 1 소리 내서 읽고 필사하기

'왠지 망할 것 같은데….'
예감인지, 예언인지. 이런 촉은 항상 적중도 100%
근데 그거 알아요? 일류들은 이런 촉이 없대요.
Believe in yourself. Don't give in to doubt.

• possess 소유하다   • radiate 방출하다   • set one's mind to ~   ~할 마음을 먹다
• give in 굴복하다   • temptation 유혹   • hard work 노고, 노력

1 당신은 가장 깊은 곳에서 뿜어져 나오는 힘, 원초적인 에너지를 가지고 있습니다.

You _____ a force, a raw energy that _____ from your very core.

2 그러나 마음먹은 것은 무엇이든 해낼 수 있다는 자신에 대한 믿음에는 제한이 걸려 있습니다.

Yet, there is a limit to your belief in yourself, a belief that you can achieve whatever you ___ ___ ___ ___.

English Secret 3 영작 후 필사하기

1 당신은 가장 깊은 곳에서 뿜어져 나오는 힘, 원초적인 에너지를 가지고 있습니다.

2 그러나 마음먹은 것은 무엇이든 해낼 수 있다는 자신에 대한 믿음에는 제한이 걸려 있습니다.

3 하지만 당신이 자신을 굳게 믿을 때, 아무것도 당신을 해치지 못하며 규율과 노력으로 목표를 달성할 수 있다고 확신할 때, 불가능한 것은 없습니다.

1 You possess

2 Yet there

3 But when

Respect others, but don't chase approval.

In today's world, social approval can feel like a currency, and it's easy to fall into the trap of trying to please everyone. Yet, true interaction lies in giving genuine respect without expecting anything in return.

By sincerely honoring others' perspectives, you maintain your integrity without losing yourself in the pursuit of acceptance.

You don't need to compromise your values to gain respect. Just be authentic and let your actions speak for themselves. Respect others, but don't chase their approval. Your authenticity and self-respect will naturally improve your interactions with others.

존중하되, 애써 인정받으려 하지 마세요

우리 세계에선 사회의 인정만 받으면 만사형통인 것 같기에, 모두를 기쁘게 하려는 함정에 빠지기 쉽습니다. 그러나 진정한 소통은 아무런 대가도 기대하지 않고 참된 존중을 표하는 데 있습니다.

다른 사람의 관점을 진심으로 존중함으로써, 남에게 인정받으려고 자신을 잃는 법 없이 품위를 유지할 수 있습니다.

존중을 얻기 위해 가치를 타협할 필요는 없습니다. 다만 진정성을 잃지 말고 당신의 행동이 당신을 드러나게 하세요. 다른 사람들을 존중하되, 애써 인정받으려 하지 마세요. 당신의 진정성과 자기 존중이 자연스럽게 다른 이들과 더 잘 소통하게 할 것입니다.

English Secret 1 소리 내서 읽고 필사하기

타인의 관심을 끄는 건 쉬운데, 존중을 받기란 참 어렵죠.
한번 반대로 생각해보면 어때요?
타인을 존중하면, 관심은 자연히 끌려오는 거라고.
Respect others, but don't chase their validation.

159

•social approval 사회의 인정   •currency 화폐, 통화, 두루 통하는 것   •please 기쁘게 하다, 비위 맞추다
•honor 존중을 표하다   •perspective 관점   •compromise 타협하다

1 우리 세계에선 사회의 인정만 받으면 만사형통인 것 같기에, 모두를 기쁘게 하려
   는 함정에 빠지기 쉽습니다.

   In today's world, _____ _____ can feel like a currency, and
   it's easy to fall into the trap of trying to please everyone.

2 다른 사람의 관점을 진심으로 존중함으로써, 남에게 인정받으려고 자신을 잃는 법
   없이 품위를 유지할 수 있습니다.

   By sincerely honoring others' _____, you maintain your
   integrity without losing yourself in the pursuit of acceptance.

English Secret 3 영작 후 필사하기

1 진정한 소통은 아무런 대가도 기대하지 않고 참된 존중을 표하는 데 있습니다.

2 다른 사람들을 존중하되, 애써 인정받으려 하지 마세요.

3 당신의 진정성과 자기 존중이 자연스럽게 다른 이들과 더 잘 소통하게 할 것입니다.

1 True interaction

2 Respect others,

3 Your authenticity

You deserve to be appreciated.

You are inherently valuable and worthy of recognition. Often, we seek external validation to affirm our worth, but true appreciation must start from within. You deserve to be appreciated not because you meet specific expectations or benchmarks, but simply because you are uniquely you.

The odds of you being exactly who you are - with your specific genetic makeup, personal experiences, and the lessons you've learned - far exceeds even the rarest lottery win.

Always keep this in mind: your value does not decrease simply because someone's unable to see your worth. You truly are irreplaceable.

당신은 인정받아 마땅합니다

당신은 가치 있게 타고났고 인정받을 자격이 있습니다. 종종 우리 가치를 확인하기 위해 외부의 인정을 찾지만, 참된 인정은 내면에서 시작되어야 합니다. 당신은 어떤 기대나 기준을 충족해서가 아니라, 단지 둘도 없는 당신 자신이므로 인정받을 자격이 있습니다.

특정한 유전적 구성, 개인적 경험, 그리고 거기서 얻은 교훈과 더불어, 정확히 당신이 될 확률은 가장 희귀한 복권에 당첨되기보다도 더 어렵습니다.

항상 명심하세요, 누군가가 당신의 가치를 알아보지 못한다고 해서 그 가치가 줄어드는 것은 아닙니다. 당신은 정녕 대체 불가능한 존재니까요.

English Secret 1 소리 내서 읽고 필사하기

당신의 유전자, 살아온 환경
비롯한 독립 변수 1, 2, 3…
전 우주에 하나뿐인, 가끔은 누가 이해 못 해도 괜찮은.
You, truly are irreplaceable.

・inherently 본질적으로, 선천적으로 ・worthy of ~ ~할 만한, ~할 자격이 있는 ・recognition 인정, 알아봄
・external 외부의 ・deserve ~ ~해 마땅하다, ~할 자격이 있다 ・benchmark 기준

1 당신은 가치 있게 타고났고 인정받을 자격이 있습니다.

You are inherently valuable and _____ __ _____.

_____

_____

_____

2 종종 우리 가치를 확인하기 위해 외부의 인정을 찾지만, 참된 인정은 내면에서 시작되어야 합니다.

Often, we seek _____ validation to affirm our worth, but true appreciation must start from within.

_____

_____

_____

English Secret 3 영작 후 필사하기

1 특정한 유전적 구성, 개인적 경험, 그리고 거기서 얻은 교훈과 더불어, 정확히 당신이 될 확률은 가장 희귀한 복권에 당첨되기보다도 더 어렵습니다.

2 항상 명심하세요, 누군가가 당신의 가치를 알아보지 못한다고 해서 그 가치가 줄어드는 것은 아닙니다.

3 당신은 정녕 대체 불가능한 존재니까요.

---

1 The odds

_____

_____

165

2 Always keep

_____

_____

3 You truly

_____

_____

The power of camaraderie and kindness.

Ever notice how good it feels when you show kindness to others without expecting anything in return?

Acts of kindness release oxytocin, often called the 'love hormone,' in your brain. This not only uplifts the receiver but also enhances your own sense of well-being, as oxytocin helps reduce stress and increase happiness.

When you make a conscious effort to be kind, you're not just improving others' lives, you're biochemically enhancing your own. It's Mother Nature's way of rewarding us for cultivating connectedness and camaraderie.

동료애와 친절의 힘

대가를 바라지 않고서 남에게 친절을 베풀면 얼마나 기분이 좋은지, 느껴본 적 있나요?

친절을 베풀면 흔히 '사랑 호르몬'으로 불리는 옥시토신이 뇌에서 나옵니다. 이 호르몬은 받는 사람을 기쁘게 할 뿐만 아니라, 베푸는 사람의 마음도 풍요롭게 합니다. 옥시토신이 스트레스를 줄이고 행복감을 늘리기 때문이죠.

의식적으로 친절을 베풀면, 다른 이의 삶을 개선할 뿐만 아니라 생화학적으로 자신의 삶도 향상한다는 겁니다. 그게 우리가 유대와 동료애를 키우는 데 대한 대자연의 보상이죠.

친절을 베풀 줄 알고, 감사할 줄 알기,

인간의 도리인 줄 알았건만, 하는 사람은 드물죠.

기대를 낮추면, 머리가 덜 아플 거예요.

Kindness without expectation can reduce stress and increase happiness.

• notice 알아차리다   • in return 보답으로, 대가로   • release 방출하다

• well-being 행복, 안녕감   • biochemically 생화학적으로   • Mother Nature 대자연

English Secret 2 주요 표현 필사하기

1 <u>대가를</u> 바라지 않고서 남에게 친절을 베풀면 얼마나 기분이 좋은지, 느껴본 적 있나요?

Ever notice how good it feels when you show kindness to others without expecting anything __ _____?

168

2 친절을 베풀면 흔히 '사랑 호르몬'으로 불리는 옥시토신이 뇌에서 <u>나옵니다</u>.

Acts of kindness _____ oxytocin, often called the 'love hormone,' in your brain.

English Secret 3 영작 후 필사하기

1 친절을 베풀면 흔히 '사랑 호르몬'으로 불리는 옥시토신이 뇌에서 나옵니다.

2 의식적으로 친절을 베풀면, 다른 이의 삶을 개선할 뿐만 아니라 생화학적으로 자신의 삶도 향상한다는 겁니다.

3 그게 우리가 유대와 동지애를 키우는 데 대한 대자연의 보상이죠.

1 Acts of

_____

_____

_____

2 When you

_____

_____

_____

3 It's Mother

_____

_____

_____

Secret Plus 영크릿의 원어민처럼 발음하기 ❹

❶ 영상에서 저자의 발음을 직접 들어봅시다.
❷ 저자의 발음을 따라 소리 내서 읽어봅시다.
❸ 밑줄 친 발화 포인트를 살려서 다시 발음해봅시다.
❹ 해당 본문을 본인의 목소리로 녹음해봅시다.

저자 발음 영상

YoungCret

The power of camaraderie and kindness.

<u>Ever notice how good it feels</u> when you show kindness to others without expecting anything in return?

Acts of kindness release oxytocin, <u>often called the 'love hormone,' in your brain</u>. This not only uplifts the receiver but also enhances your own sense of well-being, as oxytocin helps reduce stress and increase happiness.

When you make a conscious effort to be kind, you're not just improving others' lives, you're biochemically enhancing your own. <u>It's Mother Nature's way of rewarding us for cultivating connectedness and camaraderie</u>.

Happiness shared is always happiness doubled.
Acts of kindness release oxytocin,
often called the 'love hormone,' in your brain.

행복은 나누면 언제나 두 배가 돼.
친절을 베풀면 흔히 '사랑 호르몬'이라 부르는
옥시토신이 뇌에서 나오거든.

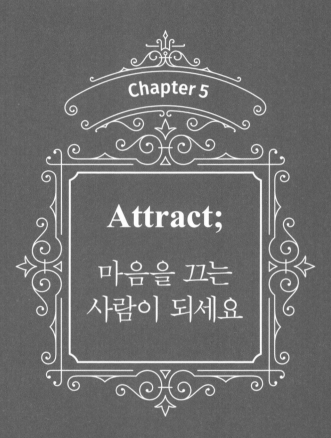

Chapter 5

Attract;

마음을 끄는
사람이 되세요

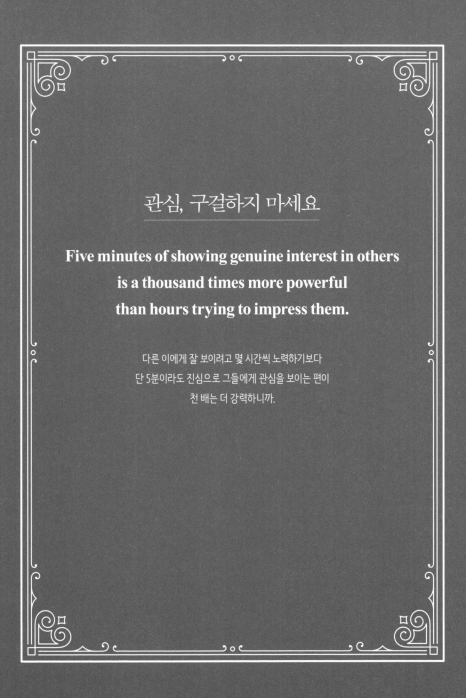

관심, 구걸하지 마세요

**Five minutes of showing genuine interest in others
is a thousand times more powerful
than hours trying to impress them.**

다른 이에게 잘 보이려고 몇 시간씩 노력하기보다
단 5분이라도 진심으로 그들에게 관심을 보이는 편이
천 배는 더 강력하니까.

You draw in positivity.

Here's the deal: being likeable isn't about faking it or pretending to be someone you're not. It's about embracing who you are, flaws and all.

When you accept yourself, others will naturally gravitate towards you. Positivity is magnetic. It starts with being kind to yourself, which then radiates out to others.

In other words, just be genuine. That's how you draw in positivity and make meaningful connections. You've got this—just be your awesome self, and let the right people come to you.

긍정을 끌어당기는 당신

사실은 말이죠, 호감을 얻는다는 건 꾸며대거나 다른 사람인 척하는 게 아니랍니다. 그건 뭐든 나 자신을 있는 그대로 받아들이는 겁니다. 결점까지 포함해서 말이죠.

당신이 자신을 받아들이면 다른 사람들도 자연스럽게 당신에게 끌리게 될 겁니다. 긍정적인 에너지는 자석과 같으니까요. 그건 자신을 향한 친절에서 시작하여 다른 사람들에게도 퍼져 나가는 겁니다.

다시 말해서, 그냥 거짓 없이 진심을 보이라는 겁니다. 그것이 긍정의 에너지를 끌어당기고 의미 있는 인연을 만드는 방법이니까요. 할 수 있어요. 당신의 멋진 모습을 그대로 보여주세요. 그러면 올바른 사람들이 당신에게 다가올 거예요.

English Secret 1 소리 내서 읽고 필사하기

누구든 친절한 사람에게 이끌리는 법.
신기하게도, 나에게 먼저 친절하면
그런 사람들이 따라올 거예요.
Just be your awesome self.

• likeable 호감이 가는   • fake 거짓되게 하다, 가식 떨다   • pretend ~인 척하다
• gravitate 끌리다   • meaningful 의미 깊은   • awesome 멋진

1 사실은 말이죠, 호감을 얻는다는 건 꾸며대거나 다른 사람인 <u>척하는</u> 게 아니랍니다.

Here's the deal: being likeable isn't about faking it or _____ to be someone you're not.

2 당신이 자신을 받아들이면 다른 사람들도 자연스럽게 당신에게 <u>끌리게</u> 될 겁니다.

When you accept yourself, others will naturally _____ towards you.

1 그건 뭐든 나 자신을 있는 그대로 받아들이는 겁니다. 결점까지 포함해서 말이죠.

2 긍정적인 에너지는 자석과 같으니까요. 그건 자신을 향한 친절에서 시작하여 다른 사람들에게도 퍼져 나가는 겁니다.

3 할 수 있어요, 당신의 멋진 모습을 그대로 보여주세요. 그러면 올바른 사람들이 당신에게 다가올 거예요.

1 It's about

2 Positivity is

3 You've got

Your presence is a gift.

I want you to think about the way people brighten up when you enter a room. The face of your loved ones, friends, family, people who you care about.

It's not about being perfect or having all the answers. It's about showing up as your true self, genuine and sincere. Your authenticity is what people truly find value in.

Don't go down the path where you try to impress everyone. Just relax, be real, and let your natural charm do the work. At the end of the day, your presence in itself is a gift to those who care about you.

당신의 존재야말로 선물입니다

당신이 방에 들어오는 순간, 사람들의 얼굴이 환해지는 모습을 상상해보세요. 당신이 사랑하는 사람들, 친구들, 가족들, 당신이 마음 쓰는 모든 이들의 얼굴이 환히 빛나는 것을요.

완벽하거나 답이란 답은 모두 아는 게 능사가 아닙니다. 참된 자신으로서 거짓 없이 성실한 모습을 드러내는 것이 중요합니다. 사람들이 소중히 여기는 건 당신의 진정성이니까요.

모두에게 잘 보이려 애쓰는 길을 걷지 마세요. 그저 편안하게, 자신의 진짜 모습으로, 자연스럽게 매력을 발산하면 되는 겁니다. 결국, 당신을 아끼는 사람들에겐 당신의 존재 자체가 큰 선물이니까요.

English Secret 1 소리 내서 읽고 필사하기

나를 있는 그대로 사랑하는 사람을 발견하는 법
편안하게, 나만의 진실한 매력을 발산하는 법
천천히, 연습하면 나아지는 것들.
Let your natural charm do the work.

• brighten up 환해지다   • loved one 사랑하는 사람   • care about 관심 갖다, 마음 쓰다
• show up 나타나다, 드러내 보이다   • authenticity 진정성, 진실성   • charm 매력

1 당신이 방에 들어오는 순간, 사람들의 얼굴이 <u>환해지는</u> 모습을 상상해보세요.

I want you to think about the way people _____ __ when you enter a room.

2 당신이 <u>사랑하는</u> 사람들, 친구들, 가족들, 당신이 마음 쓰는 모든 이들의 얼굴이 환히 빛나는 것을요.

The face of your _____ ____, friends, family, people who you care about.

English Secret 3 영작 후 필사하기

1 완벽하거나 답이란 답은 모두 아는 게 능사가 아닙니다.

2 모두에게 잘 보이려 애쓰는 길을 걷지 마세요.

3 결국, 당신을 아끼는 사람들에겐 당신의 존재 자체가 큰 선물이니까요.

1 It's not
_____

_____

_____

2 Don't go
_____

_____

_____

3 At the
_____

_____

_____

You are naturally engaging.

"Am I interesting enough?" You might often find yourself asking this in social interactions. Let me tell you something: you are more than good enough. You absolutely are.

True magnetism is rooted in feeling secure with who you are, rather than striving to outshine everyone. When you're genuine, you allow others to connect with the real you – this is what everyone gravitates toward.

So, whenever you doubt your charm, remember your honesty and comfort in your own identity naturally attract others. Trust the process, and see how people are drawn to your genuine character.

있는 그대로의 당신이 마음을 끕니다

"나, 충분히 매력적인가?" 사회적으로 교류하면서 종종 이런 질문을 하는 자신을 발견할 겁니다. 하지만 이걸 알아두세요. 당신은 너무나도 훌륭합니다. 더할 나위 없어요.

진정한 매력은 모두를 압도하려고 애쓰는 것보다, 자기 모습에 전혀 불안하지 않은 것에서 비롯됩니다. 당신이 참되다면, 사람들은 진짜 당신과 만날 수 있게 됩니다. 바로 여기에 모든 사람이 이끌리는 겁니다.

그러니 자신의 매력에 의심이 들 때마다 기억하세요. 당신의 솔직함과 당신의 진짜 모습을 향한 편안함이 자연스럽게 타인을 끌어들인다는 것을. 그 과정을 믿으세요. 사람들이 진정한 당신의 성격에 끌리는 것을 지켜보세요.

English Secret 1 소리 내서 읽고 필사하기

진정한 대인 관계는
승자를 가리는 콘테스트가 아니에요.
조금은 편안하게 해도 괜찮아요.
You are more than enough. You absolutely are.

- interesting 흥미로운, 매력적인   - interaction 교류, 소통   - magnetism 끌리는 매력
- feel secure 안정감을 느끼다, 든든하다   - comfort 편안함   - drawn to ~ ~에 끌리다

1 사회적으로 <u>교류</u>하면서 종종 이런 질문을 하는 자신을 발견할 겁니다.

You might often find yourself asking this in social _____.

2 진정한 <u>매력</u>은 모두를 압도하려고 애쓰는 것보다, 자기 모습에 전혀 불안하지 않은 것에서 비롯됩니다.

True _____ is rooted in feeling secure with who you are, rather than striving to outshine everyone.

English Secret 3 영작 후 필사하기

---

1 하지만 이걸 알아두세요. 당신은 너무나도 훌륭합니다. 더할 나위 없어요.

2 당신이 참되다면, 사람들은 진짜 당신과 만날 수 있게 됩니다. 바로 여기에 모든 사람이 이끌리는 겁니다.

3 그 과정을 믿으세요. 사람들이 진정한 당신의 성격에 끌리는 것을 지켜보세요.

1 Let me

_____

_____

_____

2 When you're

_____

_____

_____

3 Trust the

_____

_____

_____

You attract joy in the journey.

The key to being happy isn't found in solo missions; rather, it's in hitting the road with a crew that knows all your weird habits but sticks around anyway.

It's in those moments when you're all laughing so hard that you forget why you started. Getting to the top feels empty if you're standing there alone.

It's the shared struggles, the inside jokes, and the shoulder pats that really color those experiences. After all, the best stories aren't about solo wins; they're about who is with you when the crowd's gone and the lights are out.

삶의 여정에서 당신이 기쁨을 부릅니다

행복의 열쇠는 혼자 해내는 임무에서 찾는 게 아닙니다. 오히려 당신의 온갖 기이한 습관을 알면서도 당신 곁을 지켜주는 동료와 떠나는 여정에서 찾을 수 있습니다.

어찌나 허릴 잡고 웃었는지, 웃기 시작한 이유조차 잊어버리는 그런 순간들 속에 행복이 깃들어 있습니다. 홀로 있을 거라면 정상에 가는 것은 공허하게 느껴지거든요.

함께 겪는 시련들, 끼리끼리 알아듣는 농담들, 어깨를 다독이는 손길들이 그런 경험을 다채롭게 하는 것입니다. 결국, 최고의 이야기들은 나 혼자의 승리가 아니라, 군중이 흩어지고 불이 꺼질 때 누가 당신 곁에 있는가에 관한 것이니까요.

English Secret 1 소리 내서 읽고 필사하기

조그만 원룸, 쪼그려 앉아 즉석밥을 먹었지만
다 행복을 향한 과정일 뿐이었죠.
함께 웃을 사람이 곁에 있어서.
It's about who was with you all along.

•solo 단독의 •hit the road 여행을 떠나다 •weird 이상한
•stick around 머무르다, 남아있다 •inside joke 당사자들만 아는 농담 •pat 토닥거리기

1 행복의 열쇠는 <u>혼자 해내는</u> 임무에서 찾는 게 아닙니다.

The key to being happy isn't found in ＿＿ missions.

＿＿＿＿＿＿＿＿＿＿＿＿＿＿＿＿＿＿

＿＿＿＿＿＿＿＿＿＿＿＿＿＿＿＿＿＿

＿＿＿＿＿＿＿＿＿＿＿＿＿＿＿＿＿＿

188

2 오히려 당신의 온갖 기이한 습관을 알면서도 당신 곁을 지켜주는 동료와 <u>떠나는</u> <u>여정</u>에서 찾을 수 있습니다.

Rather, it's in ＿＿＿＿＿ ＿＿ ＿＿ with a crew that knows all your weird habits but sticks around anyway.

＿＿＿＿＿＿＿＿＿＿＿＿＿＿＿＿＿＿

＿＿＿＿＿＿＿＿＿＿＿＿＿＿＿＿＿＿

＿＿＿＿＿＿＿＿＿＿＿＿＿＿＿＿＿＿

English Secret 3 영작 후 필사하기

1 어찌나 허릴 잡고 웃었는지, 웃기 시작한 이유조차 잊어버리는 그런 순간들 속에 행복이 깃들어 있습니다.

2 홀로 있을 거라면 정상에 가는 것은 공허하게 느껴지거든요.

3 결국, 최고의 이야기들은 나 혼자의 승리가 아니라, 군중이 흩어지고 불이 꺼질 때 누가 당신 곁에 있는가에 관한 것이니까요.

1 It's in

_____

_____

_____

2 Getting to

_____

_____

_____

3 After all,

_____

_____

_____

Be a beacon to others.

When you take a close look at everyday life, it's clear that many people operate on auto-pilot mode. They go to work, do their chores, and move through their days without much thought about the future or their potential to become something more. At some point, we all fall into this pattern.

It can be difficult to face life's relentless challenges, while maintaining ambition or the motivation to achieve something significant. That's entirely understandable. Yet, when you choose to push just slightly beyond the usual limits others accept, you begin to lead. By advancing even a little further each day, you attract those who are also striving for excellence.

Go beyond the limits you've set in your mind; a slight push each day can make a significant difference.

다른 이들의 등대가 되세요

일상생활을 자세히 살펴보면, 자동 조종 모드로 살아가는 사람들이 확실히 많습니다. 미래를 생각할 겨를도 없이 또 더 나은 사람이 될 가능성은 별로 생각하지 않은 채, 그냥 일하러 가고 집안일 하면서 하루하루를 보냅니다. 우리 모두 언젠가 이런 패턴에 빠지게 되죠.

큰일을 성취하겠다는 야망이나 동기를 잃지 않으면서 삶의 끊임없는 역경을 마주하기란 어려울 수 있습니다. 그건 전적으로 이해할 만합니다. 그러나 다른 사람들이 받아들이는 통상적인 한계를 살짝 넘어서겠다고 마음먹을 때, 여러분은 리더가 되는 겁니다. 매일 조금이라도 더 나아간다면, 당신은 탁월함을 추구하는 다른 이들을 끌어들이게 됩니다.

마음속에 정해놓은 한계를 넘어서세요. 매일의 자그마한 노력이 커다란 변화를 가져옵니다.

English Secret 1 소리 내서 읽고 필사하기

의외로 인생을 자동 모드로 살아가는 사람이 많아요.
당신의 자발적인 노력 한 발짝이
수백 걸음을 앞서게 할 거예요.
Go beyond the limits you've set in your mind.

• take a look 보다, 살펴보다 • auto-pilot mode 자동 조종 모드 • chore 집안일, 허드렛일
• relentless 끊임없는, 가차 없는 • ambition 야망 • beyond 너머

1 일상생활을 자세히 살펴보면, 자동 조종 모드로 살아가는 사람들이 확실히 많습니다.

When you ＿＿ _ close ＿＿ at everyday life, it's clear that many people operate on auto-pilot mode.

_____

_____

_____

2 미래를 생각할 겨를도 없이 또 더 나은 사람이 될 가능성은 별로 생각하지 않은 채, 그냥 일하러 가고 집안일 하면서 하루하루를 보냅니다.

They go to work, do their ＿＿＿＿, and move through their days without much thought about the future or their potential to become something more.

_____

_____

_____

English Secret 3 영작 후 필사하기

1 우리 모두 언젠가 이런 패턴에 빠지게 되죠.
2 그러나 다른 사람들이 받아들이는 통상적인 한계를 살짝 넘어서겠다고 마음먹을 때, 여러분은 리더가 되는 겁니다.
3 마음속에 정해놓은 한계를 넘어서세요. 매일의 자그마한 노력이 커다란 변화를 가져옵니다.

1 At some

_____

_____

_____

2 Yet, when

_____

_____

_____

3 Go beyond

_____

_____

_____

Radiate irresistible influence.

It's often said that you are the average of the five people closest to you. This does not imply that your personality is defined by others.

We've all faced moments when we wonder why some are rude or dismissive to us. Remember, that's just who they are - some people constantly complain and undermine others; they simply don't share your energy.

The moment you commit to self-improvement is when you start to attract those who resonate with your newfound frequency. You become a magnet for people who radiate the same positivity and drive. Ultimately, the person you are destined to become is the person you decide to be. It's all in your hands.

거부할 수 없는 영향력을 발산하세요

흔히 이렇게 말하죠. 나와 가장 가까운 다섯 사람의 평균이 바로 나라고. 그렇다고 다른 이들이 당신의 성격을 결정한다는 뜻은 아닙니다.

왜 나에게 무례하거나 날 무시하는 사람들이 있을까, 궁금해지는 순간을 우리 모두 겪습니다. 기억하세요, 그건 그들이 그냥 그런 사람들이기 때문입니다. 끊임없이 불평하고 남들을 깎아내리려는 이들이 있잖아요. 그들은 당신의 에너지를 공유하지 않을 뿐입니다.

자신을 개선하겠다는 각오를 다지는 순간이 바로 당신의 새로 찾은 주파수에 공명하는 사람들을 끌어당기기 시작할 때입니다. 당신은 당신과 같은 긍정과 동력을 내뿜는 사람들에게 자석이 되는 것이죠. 결국, 당신 운명의 모습은 당신 스스로 선택하는 것입니다. 모든 게 당신의 손에 달려 있습니다.

English Secret 1 소리 내서 읽고 필사하기

자기 계발이 해롭다는 사람들에게,
'어제의 나보다 나은 내가, 뭐가 해롭죠?'
논쟁하기보다, 발전한 내 모습을 보여줍시다.
Now, it's all in your hands.

・average 평균   ・personality 성격   ・dismissive 무시하는
・complain 불평하다   ・undermine 깎아내리다   ・frequency 주파수

English Secret 2 주요 표현 필사하기

1 흔히 이렇게 말하죠. 나와 가장 가까운 다섯 사람의 <u>평균</u>이 바로 나라고.

It's often said that you are the _____ of the five people closest to you.

2 그렇다고 다른 이들이 당신의 <u>성격</u>을 결정한다는 뜻은 아닙니다.

This does not imply that your _____ is defined by others.

1 왜 나에게 무례하거나 날 무시하는 사람들이 있을까, 궁금해지는 순간을 우리 모두 겪습니다.

2 기억하세요, 그건 그들이 그냥 그런 사람들이기 때문입니다. 끊임없이 불평하고 남들을 깎아내리려는 이들이 있잖아요. 그들은 당신의 에너지를 공유하지 않을 뿐입니다.

3 결국, 당신 운명의 모습은 당신 스스로 선택하는 것입니다. 모든 게 당신의 손에 달려 있습니다.

1 We've all

_____

_____

_____

2 Remember, that's

_____

_____

_____

3 Ultimately, the

_____

_____

_____

Seek authenticity, not validation.

We live in a time where taking photos often takes priority over experiencing the moment itself. Just think about how much time you spend on social media and watching short-form videos - you'd be surprised.

We often seek approval from others by showing only the best parts of our lives, edited to look perfect, making others feel they need to compare.

This search for validation is a big waste of time. Real connections come from being around people with big dreams who don't need to show off for approval. The most genuine people are those who don't seek validation from others. and that can be you.

남들의 인정이 아니라 진정성을 추구하세요

우리는 순간을 경험하기보다 사진 찍기가 더 먼저인 시대에 살고 있습니다. 소셜 미디어나 짧은 영상을 보는 데 얼마나 많은 시간을 보내는지만 생각해봐도 알죠. 깜짝 놀랄 겁니다.

우리는 내 삶의 가장 좋은 부분, 그것도 완벽하게 보이도록 편집되기 일쑤인 부분만을 보여줌으로써, 타인으로부터 인정받고자 합니다. 그러면서 다른 사람들까지 비교는 꼭 필요한 것처럼 느끼도록 만들지요.

이처럼 남들의 인정을 추구하는 건 엄청난 시간 낭비입니다. 진정한 관계란 큰 꿈을 지녔어도 인정받으려고 과시할 필요가 없는 사람들과 함께 있을 때 이루어집니다. 가장 진실한 사람들은 타인으로부터 인정을 구하지 않는 사람들입니다. 그리고 그게 바로 당신의 모습일 수 있습니다.

English Secret 1 소리 내서 읽고 필사하기

SNS란 도파민에 절여진 채로 또 하루가 지나갔나요?
과시욕과 인정욕을 하나둘 내려놓으면,
비로소 해독이 시작될 거예요.
You don't need to strive for other's approval.

• priority 우선 사항   • itself 그 자체   • short-form video 짧은 형식의 영상
• waste of time 시간 낭비   • show off 과시하다, 자랑하다   • genuine 진실한

English Secret 2 주요 표현 필사하기

1 우리는 순간을 경험하기보다 사진 찍기가 더 <u>먼저</u>인 시대에 살고 있습니다.

We live in a time where taking photos often takes _____ over experiencing the moment itself.

_____

_____

_____

200

2 소셜 미디어나 <u>짧은 영상</u>을 보는 데 얼마나 많은 시간을 보내는지만 생각해봐도 알죠. 깜짝 놀랄 겁니다.

Just think about how much time you spend on social media and watching _____ _____ - you'd be surprised.

_____

_____

_____

English Secret 3 영작 후 필사하기

1 이처럼 남들의 인정을 추구하는 건 엄청난 시간 낭비입니다.
2 진정한 관계란 큰 꿈을 지녔어도 인정받으려고 과시할 필요가 없는 사람들과 함께 있을 때 이루어집니다.
3 가장 진실한 사람들은 타인으로부터 인정을 구하지 않는 사람들입니다. 그리고 그게 바로 당신의 모습일 수 있습니다.

1 This search

2 Real connections

3 The most

Be confident, be yourself.

"Who do you think you are?" "Just don't be weird." You might have heard these words from colleagues, bosses, friends, or even family. They echo in your mind, subtly pushing you to just blend in rather than stand out.

Everyone is unique, with their own interests and passions that should shine, not be hidden away to satisfy someone's standard.

Be yourself, confidently. When you own your individuality, you naturally stand out. People are drawn to authenticity, and seeing you comfortable with who you are inspires them. They don't just follow you—they're inspired by you.

자신만만하게, 내 모습 그대로

"너, 뭐라도 돼?" "이상하게 굴지 마." 동료, 상사, 친구, 심지어 가족에게서 이런 말을 들어본 적이 있을 것입니다. 이런 말이 당신의 마음속에 메아리치며, 두드러지지 말고 그냥 섞이라고 은근히 당신의 옆구리를 찌릅니다.

모든 사람은 나름의 관심사와 열정으로 각각 독특합니다. 그런 관심과 열정은 환히 빛나야지, 누군가의 기준에 맞추기 위해 숨겨버려선 안 됩니다.

자신만만하게 자신을 표현하세요. 자신만의 개성을 가질 때 당신은 자연스럽게 돋보입니다. 사람들은 진정성에 이끌리며, 당신이 있는 그대로의 자신을 편안하게 받아들이는 모습에서 영감을 받습니다. 그들은 단순히 당신을 따르지 않습니다. 그들은 당신에게 고무되는 겁니다.

English Secret 1 소리 내서 읽고 필사하기

무색무취

무취향의 사람이 연애든 취업이든 대세라고 해요.
그렇다고 그런 사람인 척 연기할 필요는 없습니다.

Be yourself, be confident.

- colleague (직장) 동료
- echo 메아리치다
- subtly 미묘하게
- blend in 섞여 들다
- stand out 눈에 띄다, 빼어나다
- individuality 개성, 특성

English Secret 2 주요 표현 필사하기

1 "너, 뭐라도 돼?" "이상하게 굴지 마." 동료, 상사, 친구, 심지어 가족에게서 이런 말을 들어본 적이 있을 것입니다.

"Who do you think you are?" "Just don't be weird." You might have heard these words from _____, bosses, friends, or even family.

_____

_____

_____

2 이런 말이 당신의 마음속에 메아리치며, 두드러지지 말고 그냥 섞이라고 은근히 당신의 옆구리를 찌릅니다.

They ____ in your mind, subtly pushing you to just blend in rather than stand out.

_____

_____

_____

English Secret 3 영작 후 필사하기

1 모든 사람은 나름의 관심사와 열정으로 각각 독특합니다. 그런 관심과 열정은 환히 빛나
  야지, 누군가의 기준에 맞추기 위해 숨겨버려선 안 됩니다.
2 사람들은 진정성에 이끌리며, 당신이 있는 그대로의 자신을 편안하게 받아들이는 모습
  에서 영감을 받습니다.
3 그들은 단순히 당신을 따르지 않습니다. 그들은 당신에게 고무되는 겁니다.

1 Everyone is

2 People are

3 They don't

Your energy captivates those around you.

Imagine each of us is a lightbulb in a vast, sprawling chandelier. Some days we might feel dim, barely flickering, yet our glow can still guide someone out of their darkness.

Your energy -your light- has a unique power to warm the spirits of those around you, drawing them into your warmth. You don't have to light up the room with blinding brightness; it's the comfort, the familiarity and the hope your presence brings to a room that matter.

So let your light shine in your own way, and always remember; you're exactly where you're supposed to be.

당신의 에너지가 저들을 매료시킵니다

우리 각자를 거대하고 널찍한 샹들리에의 전구라고 상상해보세요. 빛이 희미해 겨우 깜박이는 날도 있겠지만, 그럴 때도 내 빛은 누군가를 이끌어 어둠을 벗어나게 할 수 있습니다.

당신의 에너지, 당신의 빛은 주변 사람들의 마음을 따뜻하게 하고 그들을 당신의 따스함으로 끌어들이는 독특한 힘을 지니고 있습니다. 방을 눈부시게 밝히지 않아도 돼요. 정말 중요한 건 당신이 방에 있음으로써 느끼는 편안함, 익숙함, 그리고 희망이니까요.

그러니 당신만의 방식으로 빛을 발하고, 항상 기억하세요. 당신은 지금 정확히 있어야 할 곳에 있습니다.

English Secret 1 소리 내서 읽고 필사하기

당신만의 고유한 에너지가
누군가에게 빛이 된다.
흐리지만, 아직 빛나고 있다면 괜찮아.
You don't always have to light up with blinding brightness.

• lightbulb   전구   • vast   거대한   • sprawling   넓게 뻗은
• barely   간신히, 겨우   • flicker   깜빡이다   • familiarity   친근함, 익숙함

1 우리 각자를 거대하고 <u>널찍한</u> 샹들리에의 <u>전구</u>라고 상상해보세요.

Imagine each of us is a _____ in a vast, _____ chandelier.

_____

_____

_____

2 빛이 희미해 <u>겨우</u> 깜박이는 날도 있겠지만, 그럴 때도 내 빛은 누군가를 이끌어 어둠을 벗어나게 할 수 있습니다.

Some days we might feel dim, _____ flickering, yet our glow can still guide someone out of their darkness.

_____

_____

_____

1 우리 각자를 거대하고 널찍한 샹들리에의 전구라고 상상해보세요.

2 당신의 에너지, 당신의 빛은 주변 사람들의 마음을 따뜻하게 하고 그들을 당신의 따스함으로 끌어들이는 독특한 힘을 지니고 있습니다.

3 그러니 당신만의 방식으로 빛을 발하고, 항상 기억하세요. 당신은 지금 정확히 있어야 할 곳에 있습니다.

1 Imagine each

_____

_____

_____

2 Your energy

_____

_____

_____

3 So let

_____

_____

_____

Secret Plus 영크릿의 원어민처럼 발음하기 ❺

❶ 영상에서 저자의 발음을 직접 들어봅시다.
❷ 저자의 발음을 따라 소리 내서 읽어봅시다.
❸ 밑줄 친 발화 포인트를 살려서 다시 발음해봅시다.
❹ 해당 본문을 본인의 목소리로 녹음해봅시다.

저자 발음 영상

YoungCret

Your energy captivates those around you.

Imagine each of us is a lightbulb in a vast, sprawling chandelier. Some days we might feel dim, barely flickering, yet our glow can still guide someone out of their darkness.

Your energy -your light- has a unique power to warm the spirits of those around you, drawing them into your warmth. You don't have to light up the room with blinding brightness; it's the comfort, the familiarity and the hope your presence brings to a room that matter.

So let your light shine in your own way, and always remember; you're exactly where you're supposed to be.

Don't go down the path
where you try to impress everyone.
Just be your awesome self,
and let the right people come to you.

모두에게 잘 보이려

애쓰는 길을 걷지 마세요.

그저 당신의 멋진 모습을 보여주세요.

당신에게 올바른 사람들이 다가오도록 말이에요.

Chapter 6

Prosper;

활짝
꽃피우세요

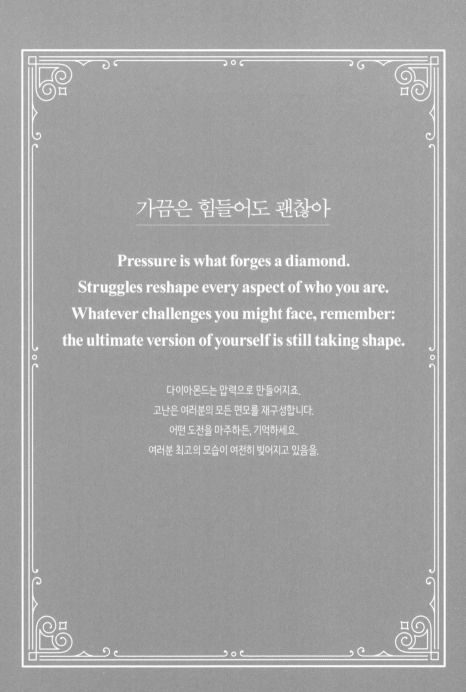

가끔은 힘들어도 괜찮아

**Pressure is what forges a diamond.
Struggles reshape every aspect of who you are.
Whatever challenges you might face, remember:
the ultimate version of yourself is still taking shape.**

다이아몬드는 압력으로 만들어지죠.
고난은 여러분의 모든 면모를 재구성합니다.
어떤 도전을 마주하든, 기억하세요.
여러분 최고의 모습이 여전히 빚어지고 있음을.

Success follows your lead.

Success follows when you align your actions with your true passions. Start by setting deeply resonant goals and pursue them with natural enthusiasm. Only then do challenges become stepping stones, reshaping your journey and reinforcing your resolve.

Years of studies on human cognition confirm this: we humans are aiming creatures. The world around you will shift to pave the way towards your focused goals. This validates the value of every challenge we face.

Ultimately, finding and working on your true self isn't just rewarding; it invites success to accompany you.

당신이 이끌면 성공은 따라옵니다

성공은 당신의 행동을 진정한 열정과 일치시킬 때 따라옵니다. 우선 자신에게 깊이 와닿는 목표를 설정하고 자연스러운 열정으로 목표를 추구하세요. 그때 비로소 역경은 디딤돌이 되어 당신의 여정을 다시 짜고 결심을 단단하게 만듭니다.

인간의 인지에 대한 여러 해의 연구가 이를 증명합니다. 우리 인간은 목표를 정해 나아가는 존재입니다. 주변의 세상이 변하면서 당신이 집중한 목표로 향하는 길을 열어줄 것입니다. 이것이 우리가 마주하는 모든 역경의 가치를 입증합니다.

진정한 당신을 발견하고 다듬는 것은 궁극적으로 보람도 있거니와, 성공이 당신을 따르도록 인도해 줍니다.

English Secret 1 소리 내서 읽고 필사하기

시간을 잊을 정도로
무언가에 몰입한 적 있나요?
그것을 소중히 가꿔요, 결실은 온전히 여러분 몫이니.
Align your actions with your true passions.

• follow 따르다 • passion 열정 • resonant 깊이 와닿는
• reinforce 강화하다 • resolve 결심 • pave the way 길을 닦다, 길을 열다

1 성공은 당신의 행동을 진정한 열정과 일치시킬 때 <u>따라옵니다</u>.

Success _____ when you align your actions with your true passions.

216

2 우선 자신에게 <u>깊이 와닿는</u> 목표를 설정하고 자연스러운 열정으로 목표를 추구하세요.

Start by setting deeply _____ goals and pursue them with natural enthusiasm.

English Secret 3 영작 후 필사하기

1 우리 인간은 목표를 정해 나아가는 존재입니다.

2 주변의 세상이 변하면서 당신이 집중한 목표로 향하는 길을 열어줄 것입니다.

3 진정한 당신을 발견하고 다듬는 것은 궁극적으로 보람도 있거니와, 성공이 당신을 따르도록 인도해줍니다.

1 We humans

2 The world

3 Ultimately, finding

Prosperity is drawn to your story.

In every great story, the hero isn't born perfect. Your journey, with its trials and errors, is what draws others in. You might not start as the strongest or the fastest, but as the story goes on, it's your willingness to face challenges and grow that makes your story compelling.

Every setback you overcome, every skill you develop is part of crafting your own unique narrative. This is your own movie, and you're the lead.

As you cultivate your strengths through struggle, your story becomes a beacon, inviting prosperity and inspiring all who witness your rise.

당신의 이야기에 번영이 끌려옵니다

어떤 위대한 이야기에서든, 영웅은 완벽하게 태어나지 않습니다. 여러분의 여정에 시행착오가 들어 있기에 사람들이 이끌려 오는 것입니다. 처음엔 가장 강하지도 가장 빠르지도 않을 수 있지만, 펼쳐지는 당신의 이야기를 매혹적으로 만드는 건 바로 역경을 피하지 않고 성장하려는 당신의 그 의지입니다.

당신이 이겨낸 모든 역경, 개발한 모든 기술이 모여서 당신만의 독특한 서사를 만들어냅니다. 이것이 바로 당신이 손수 만든 영화이고, 당신은 그 주인공입니다.

고난을 통해 강인함을 키우는 가운데, 당신의 이야기는 번영을 불러오는 등대가 되어 당신의 성장을 목격하는 모든 이들을 가슴 벅차게 합니다.

English Secret 1 소리 내서 읽고 필사하기

인생에 굴곡이 있으면 좀 어때요?
아무 일도 일어나지 않는 영화, 소설이 있다면
그런 스토리는 아무도 보지 않을걸요.
This is your own movie, and you're the lead.

•trial and error 시행착오 •compelling 매혹적인 •setback 역경, 차질
•develop 개발하다 •narrative 서사 •prosperity 번영, 번창

1 어떤 위대한 이야기에서든, 영웅은 완벽하게 태어나지 않습니다. 여러분의 여정에
시행착오가 들어 있기에 사람들이 이끌려 오는 것입니다.

In every great story, the hero isn't born perfect. Your journey,
with its _____ __ _____, is what draws others in.

220

2 당신이 이겨낸 모든 역경, 개발한 모든 기술이 모여서 당신만의 독특한 서사를 만
들어냅니다.

Every _____ you overcome, every skill you develop is part of
crafting your own unique narrative.

English Secret 3 영작 후 필사하기

1 처음엔 가장 강하지도 가장 빠르지도 않을 수 있지만, 펼쳐지는 당신의 이야기를 매혹적
   으로 만드는 건 바로 역경을 피하지 않고 성장하려는 당신의 그 의지입니다.

2 이것이 바로 당신이 손수 만든 영화이고, 당신은 그 주인공입니다.

3 고난을 통해 강인함을 키우는 가운데, 당신의 이야기는 번영을 불러오는 등대가 되어 당
   신의 성장을 목격하는 모든 이들을 가슴 벅차게 합니다.

1 You might

2 This is

3 As you

You are the pilot, not a passenger.

If life was a journey, would you be just a passenger, letting the plane take you to places? No, you are more than that. You are the pilot, not a passenger. You pilot the plane.

Every decision you make directs your path toward your chosen destination. Be specific about where you want to go. Otherwise, you'll drift and end up nowhere.

Always remember that life dismisses unclear wishes and rewards specific requests. Start taking control and navigating your life with intention and precision. Over time, you will eventually get to exactly where you want to be in life.

당신은 승객이 아니라 조종사입니다

인생이 여정이라면, 당신은 그저 승객이 되어 비행기가 어디론가 데려다주기만을 바랄 건가요? 아니요, 당신은 그 이상입니다. 당신은 승객이 아니라 조종사입니다. 당신이 비행기를 조종하는 거죠.

당신이 내리는 모든 결정은 당신이 선택한 목적지로 향하게 합니다. 어디로 가고 싶은지, 또렷이 정하세요. 그렇지 않으면, 당신은 이리저리 헤매다가 어디에도 도달하지 못할 것입니다.

인생은 명확하지 않은 바람은 무시하고 구체적인 요청은 보상함을 항상 기억하세요. 의도와 정확성을 갖고 당신의 인생을 조종하고 항로를 정하세요. 시간이 지나면, 결국 정확히 인생에서 원하는 곳에 도달할 것입니다.

English Secret 1 소리 내서 읽고 필사하기

홀러가는 대로 살기엔 인생이 너무 아깝잖아요.
지금 정처 없이 표류 중이라면
가까운 목적지를 정하는 것부터 시작해요.
You will eventually get to where you want to be.

• passenger 승객   • pilot 조종하다   • destination 목적지
• specific 구체적인   • otherwise 그렇지 않으면   • over time 시간이 흐르면

1 인생이 여정이라면, 당신은 그저 승객이 되어 비행기가 어디론가 데려다주기만을
바랄 건가요?

If life was a journey, would you be just a _____, letting the
plane take you to places?

2 아니요, 당신은 그 이상입니다. 당신은 승객이 아니라 조종사입니다. 당신이 비행
기를 조종하는 거죠.

No, you are more than that. You are the pilot, not a passenger.
You _____ the plane.

English Secret 3 영작 후 필사하기

1 당신이 내리는 모든 결정은 당신이 선택한 목적지로 향하게 합니다.

2 인생은 명확하지 않은 바람은 무시하고 구체적인 요청은 보상함을 항상 기억하세요.

3 시간이 지나면, 결국 정확히 인생에서 원하는 곳에 도달할 것입니다.

1 Every decision

2 Always remember

3 Over time,

You're attracting abundance.

Abundance flows towards those who welcome it with open arms and an open heart. Start by acknowledging the wealth already present in your life - be it friendships, skills, or moments of joy.

Cultivate gratitude for these treasures; gratitude turns what we have into enough and more. From this place of appreciation, set clear intentions for what you wish to attract more of.

Act with purpose and confidence, knowing that every step forward invites greater abundance. Ultimately, the richness of your life is largely defined by the quality of your thoughts and the depth of your gratitude.

당신이 풍요를 끌어당깁니다

풍요는 마음과 팔을 활짝 열고 환영하는 이들에게 흘러갑니다. 이미 당신의 삶에 들어와 있는 부를 인정하는 것부터 시작하세요. 친구, 기술, 혹은 기쁨의 순간들 같은 것 말입니다.

그런 보물에 감사하는 마음을 키우세요. 감사하면 우리가 가진 건 넉넉하게 변하고, 그 이상이 되니까요. 이러한 감사의 자리로부터 무엇을 더 많이 끌어들이고 싶은지, 명확한 의도를 정하세요.

앞으로 나아가는 모든 걸음이 더 큰 풍요를 불러온다는 것을 알고, 목적과 자신감을 가지고 행동하세요. 결국 당신이 얼마나 고매한 생각을 하는지, 당신의 감사가 얼마나 깊은지에 의해서 당신 삶의 풍요로움이 정해지는 것입니다.

English Secret 1 소리 내서 읽고 필사하기

사람의 여유가 넘치는 기품은
마음가짐의 풍요에서 나옵니다.
이미 가진 것에 감사하는 자세가 그 그릇을 만드는 것이죠.
Acknowledge the wealth already present in your life.

•abundance 풍요 •welcome 환영하다 •acknowledge 인정하다
•gratitude 고마움, 감사 •appreciation 감사 •purpose 목적

1 풍요는 마음과 팔을 활짝 열고 환영하는 이들에게 흘러갑니다.

   _____ flows towards those who welcome it with open arms and an open heart.

228

2 이미 당신의 삶에 들어와 있는 부를 인정하는 것부터 시작하세요. 친구, 기술, 혹은 기쁨의 순간들 같은 것 말입니다.

   Start by _____ the wealth already present in your life - be it friendships, skills, or moments of joy.

English Secret 3 영작 후 필사하기

1 이러한 감사의 자리로부터 무엇을 더 많이 끌어들이고 싶은지, 명확한 의도를 정하세요.

2 앞으로 나아가는 모든 걸음이 더 큰 풍요를 불러온다는 것을 알고, 목적과 자신감을 가지고 행동하세요.

3 결국 당신이 얼마나 고매한 생각을 하는지, 당신의 감사가 얼마나 깊은지에 의해서 당신의 삶의 풍요로움이 정해지는 것입니다.

1 From this

2 Act with

3 Ultimately, the

Craft your own diamond.

Did you know that the core component of a diamond is the same as that of a pencil? It's all carbon, really. In a pencil, carbon atoms are arranged in layers that slide off easily, which is why you can write with it.

But in a diamond, those same atoms are bonded in an incredibly strong structure, making it the hardest natural material on Earth. They're both starting at the same spot, but the path they take, the pressures they endure - that's what sculpts the different outcome.

Life's the same. It's about taking the ordinary - like those carbon atoms - and applying the right kind of pressure. So when life pushes you, don't just push back - transform. Let those challenges sharpen you into something rare, something valuable.

당신만의 다이아몬드를 만드세요

다이아몬드의 핵심 성분이 연필의 그것과 똑같다는 사실을 아셨나요? 그래요, 둘 다 탄소입니다. 연필에는 탄소 원자가 층층이 배열되어 쉽게 떨어져 나가므로 글을 쓸 수 있습니다.

그러나 다이아몬드에는 바로 그 원자가 놀랍도록 강한 구조로 결합해 세상에서 가장 단단한 천연 재료가 됩니다. 둘 다 같은 데서 시작하지만, 만들어지는 과정과 견디는 압력이 그토록 다른 결과물을 만들어내는 것이죠.

삶도 마찬가지입니다. 탄소 원자처럼 극히 평범한 것이라도, 딱 알맞은 압력을 가하기만 하면 된다는 거죠. 그러니 인생이 당신을 밀어붙일 땐, 그냥 맞서서 밀어내지 말고 거듭나세요. 그런 역경이 당신을 희귀하고 가치 있는 존재로 다듬도록 해야 합니다.

고통 없이는 얻는 것도 없다.
모든 자기계발서를 관통하는
동서고금 막론한 진리.
Let the challenges sharpen you into something valuable.

• core 핵심   • component 성분, 요소   • carbon atom 탄소 원자
• arrange 정리하다, 늘어놓다   • endure 견디다   • sculpt 조각하다, 형상을 만들다

English Secret 2 주요 표현 필사하기

1 다이아몬드의 핵심 성분이 연필의 그것과 똑같다는 사실을 아셨나요?

Did you know that the ____ component of a diamond is the same as that of a pencil?

2 연필에는 탄소 원자가 층층이 배열되어 쉽게 떨어져 나가므로 글을 쓸 수 있습니다.

In a pencil, carbon atoms are _____ in layers that slide off easily, which is why you can write with it.

1 삶도 마찬가지입니다. 탄소 원자처럼 극히 평범한 것이라도, 딱 알맞은 압력을 가하기만 하면 된다는 거죠.

2 그러니 인생이 당신을 밀어붙일 땐, 그냥 맞서서 밀어내지 말고 거듭나세요.

3 그런 역경이 당신을 희귀하고 가치 있는 존재로 다듬도록 해야 합니다.

1 Life's the

_____

_____

_____

2 So when

_____

_____

_____

3 Let those

_____

_____

_____

Build success brick by brick.

Success is like building a structure in your brain. Each small task you complete lays down a "brick" in your neural pathways.

This repetition strengthens those pathways, making your skills sharper and your actions more efficient. Over time, each brick adds up, forming a strong foundation for success.

By focusing on daily small tasks and celebrating these minor victories, your brain release chemical called dopamine, which boosts your motivation. This process shows how success isn't just about big achievements, but about consistently adding to your growth, brick by brick.

차곡차곡 성공을 쌓아 올리세요

성공은 마치 뇌 안에 구조물을 짓는 것과 같습니다. 당신이 완료하는 작은 과업 하나하나가 신경 경로에 '벽돌' 하나를 놓는 것입니다.

이걸 되풀이하면 그 경로가 튼튼해져서 당신의 기량은 더 날카로워지고 당신의 행동은 더 효율적으로 변합니다. 시간이 흐르면서, 벽돌은 하나씩 쌓여 성공의 튼튼한 토대를 형성합니다.

하루하루 작은 과업에 집중하고 이 소소한 승리를 축하함으로써, 당신의 뇌는 도파민이란 화학 물질을 방출하여 더 커다란 동기를 부여합니다. 이 과정은 보여줍니다. 성공이란 뭔가 엄청난 걸 이룩하는 게 아니라, 꾸준히 성장을 차곡차곡 쌓아가는 데 있음을.

English Secret 1 소리 내서 읽고 필사하기

이상은 너무 큰데 현실은 너무 초라해.
그 현실부터 바꿔 갑시다. 차근차근, 작은 성취를 느끼며.
오늘은 밀린 설거지와 방 청소부터.
Build success brick by brick.

- structure 구조물   - lay down 내려놓다   - neural 신경의
- repetition 반복   - add up 쌓이다, 늘어나다   - foundation 토대, 기반

English Secret 2 주요 표현 필사하기

1 성공은 마치 뇌 안에 <u>구조물</u>을 짓는 것과 같습니다.

Success is like building a _____ in your brain.

2 당신이 완료하는 작은 과업 하나하나가 신경 경로에 '벽돌' 하나를 <u>놓는</u> 것입니다.

Each small task you complete ____ ____ a "brick" in your neural pathways.

English Secret 3 영작 후 필사하기

1 성공은 마치 뇌 안에 구조물을 짓는 것과 같습니다.

2 시간이 흐르면서, 벽돌은 하나씩 쌓여 성공의 튼튼한 토대를 형성합니다.

3 이 과정은 보여줍니다. 성공이란 뭔가 엄청난 걸 이룩하는 게 아니라, 꾸준히 성장을 차곡차곡 쌓아가는 데 있음을.

1 Success is

2 Over time,

3 This process

Devote yourself to your game.

External motivation is temporary. Your mentors can't always be there to push you forward. It all boils down to self-discipline, which most people lack. When external support fades, they often stop moving.

If you think you lack perseverance, start with small, manageable tasks that you have control over, like brushing your teeth three times a day or taking a cold shower every day.

These simple routines build discipline and momentum, reinforcing a self-directed mindset. Focus on what you can control and let your own goals propel you.

당신이 하는 일에 몰두하세요

외부에서 얻는 동기부여는 잠깐뿐입니다. 당신의 멘토들이 항상 뒤에서 밀어줄 순 없잖아요. 모든 것은 결국 자기 수양에 달려 있는데, 사람들은 대부분 이게 부족합니다. 외부 지원이 사라지면 그들은 멈춰 서기 십상이죠.

당신은 인내심이 부족하다고 생각하세요? 그렇다면, 작더라도 감당할 수 있는 일부터 시작하세요. 가령 하루에 세 번 이를 닦거나 매일 찬물 샤워를 하는 것처럼 말입니다.

이처럼 간단한 루틴이 자기 규율과 추진력을 만들어내며, 자기 주도적인 마음가짐을 강화합니다. 당신이 통제할 수 있는 것에 집중하고, 자신의 목표가 당신을 이끌도록 하세요.

English Secret 1 소리 내서 읽고 필사하기

수백 개의 동기부여 영상을 봤는데도
변화가 없다면 문제는? 바로 실천력!
오늘부턴 어려운 거 말고, 나만의 하루 루틴 만들기.
Sometimes all you need is a small momentum.

239

• temporary　일시적인　　• boil down to ~　~로 귀결되다　　• lack　부족하다
• perseverance　인내심　　• manageable　감당할 수 있는　　• momentum　추진력, 가속도

1 외부에서 얻는 동기부여는 <u>잠깐뿐</u>입니다.

External motivation is _____.

240

2 모든 것은 결국 자기 수양에 <u>달려 있는데</u>, 사람들은 대부분 이게 부족합니다.

It all _____ ____ __ self-discipline, which most people lack.

English Secret 3 영작 후 필사하기

1 당신은 인내심이 부족하다고 생각하세요? 그렇다면, 작더라도 감당할 수 있는 일부터 시작하세요.

2 이처럼 간단한 루틴이 자기 규율과 추진력을 만들어내며, 자기 주도적인 마음가짐을 강화합니다.

3 당신이 통제할 수 있는 것에 집중하고, 자신의 목표가 당신을 이끌도록 하세요.

1 If you

2 These simple

3 Focus on

You are here for a reason.

Just look around and see how many people live their lives in quiet desperation. The media often makes us feel insignificant, as if we are just one in eight billion, a tiny speck in the vast flow of human history.

But no, you are not just another number. You are a unique individual, distinct from all others. Your existence today is evidence of thousands of years of human endeavor and achievement. You carry a unique story that adds to the grand narrative of human history.

You are here for a reason. Discover what brings you the deepest joy - there lies your purpose. Recognize your value and let that guide you, not just through existence, but towards truly meaningful living.

당신의 존재에는 이유가 있습니다

주변을 둘러보세요. 얼마나 많은 이들이 조용한 절망 속에서 살아가고 있습니까. 언론은 우리가 80억 인류 중 기껏 하나에 불과하고, 인류 역사의 거대한 흐름 속에 묻힌 작은 먼지 한 톨에 지나지 않는다고 느끼도록 만듭니다.

하지만, 아니요, 당신은 그저 또 하나의 숫자가 아닙니다. 당신은 그 누구와도 뚜렷이 다른 고유한 개인입니다. 당신이 지금 여기에 존재한다는 건 수천 년 인류의 노력과 성취의 증거입니다. 당신은 인류 역사의 위대한 서사에 공헌하는 하나뿐인 이야기를 지니고 있습니다.

당신의 존재에는 이유가 있습니다. 당신에게 가장 깊은 기쁨을 주는 일을 찾아내세요. 바로 거기에 당신의 목적이 있을 테니까요. 당신의 가치를 인식하고, 그것이 당신을 인도하도록 하세요. 단순히 존재하는 것을 넘어서 진정 의미 있는 삶을 향해 나아가도록 말입니다.

English Secret 1 소리 내서 읽고 필사하기

획일화된 교육만 받다 보면, 진짜 내가 없어지는 느낌이죠.
무엇이든, 좋아하는 취미가 있다면
그 속에서 내 존재의 작은 실마리를 찾을 수 있어요.
Let that guide you.

•look around 둘러보다   •desperation 절망   •insignificant 사소한, 하찮은
•speck 티끌, 먼지   •existence 존재   •endeavor 노력

1 주변을 <u>둘러보세요</u>. 얼마나 많은 이들이 조용한 <u>절망</u> 속에서 살아가고 있습니까.

Just ____ _____ and see how many people live their lives in
quiet _____.

2 언론은 우리가 80억 인류 중 기껏 하나에 불과하고, 인류 역사의 거대한 흐름 속에
묻힌 작은 <u>먼지</u> 한 톨에 지나지 않는다고 느끼도록 만듭니다.

The media often makes us feel insignificant, as if we are just
one in eight billion, a tiny _____ in the vast flow of human
history.

English Secret 3 영작 후 필사하기

1 당신은 그 누구와도 뚜렷이 다른 고유한 개인입니다.

2 당신은 인류 역사의 위대한 서사에 공헌하는 하나뿐인 이야기를 지니고 있습니다.

3 당신에게 가장 깊은 기쁨을 주는 일을 찾아내세요. 바로 거기에 당신의 목적이 있을 테니까요.

1 You are

2 You carry

3 Discover what

Turn negativity into your fuel.

In this world, not everyone's going to cheer you on. Some folks, because of their own insecurities and jealousy, will try to throw shade on your success.

It's not your fault. What matters is how you handle that. Don't let their negativity stick to you. Like mud thrown against a wall, let it slide right off. Keep pushing forward, focused on your goals.

The only person you need to prove anything to is yourself. Turn their doubts into your fuel. Let their skepticism drive you to achieve even greater heights. That's how you turn adversity into advantage.

부정의 마음을 연료로 바꾸세요

이 세상에서 모두가 당신을 응원하지는 않을 겁니다. 자신들의 불안과 질투 때문에 당신의 성공을 흠집 내려고 하는 사람들이 더러 있을 겁니다.

그것은 당신의 잘못이 아닙니다. 중요한 건 그런 상황에 어떻게 대처하느냐입니다. 그들의 부정적인 에너지가 당신에 들러붙게 하지 마세요. 벽에 던져진 진흙처럼 그냥 미끄러지게 하세요. 목표에 집중해서 계속 전진하세요.

당신이 무언가를 증명해야 할 유일한 사람은 바로 당신 자신입니다. 그들의 의심을 당신의 연료로 삼으세요. 그들의 회의감을 당신이 더 큰 높이에 이르도록 하는 동기로 삼으세요. 바로 그것이 역경을 이점으로 바꾸는 길입니다.

English Secret 1 소리 내서 읽고 필사하기

의외로 큰 성취는 내 비뚤어진 욕망에서
비롯된 경우가 많지 않던가요?
바로 그 끓어오르는 감정.
Turn it into fuel.

- cheer on 응원하다   - folks 사람들   - throw shade 헐뜯다, 흠집 내다
- prove 증명하다   - skepticism 회의, 회의감   - adversity 역경

English Secret 2 주요 표현 필사하기

1 이 세상에서 모두가 당신을 <u>응원하지는</u> 않을 겁니다.

In this world, not everyone's going to _____ you _.

2 자신들의 불안과 질투 때문에 당신의 성공을 흠집 내려고 하는 <u>사람들</u>이 더러 있을 겁니다.

Some _____, because of their own insecurities and jealousy, will try to throw shade on your success.

English Secret 3 영작 후 필사하기

1 중요한 건 그런 상황에 어떻게 대처하느냐입니다.

2 그들의 부정적인 에너지가 당신에 들러붙게 하지 마세요.

3 바로 그것이 역경을 이점으로 바꾸는 길입니다.

1 What matters

2 Don't let

3 That's how

Secret Plus 영크릿의 원어민처럼 발음하기 ❻

① 영상에서 저자의 발음을 직접 들어봅시다.
② 저자의 발음을 따라 소리 내서 읽어봅시다.
③ 밑줄 친 발화 포인트를 살려서 다시 발음해봅시다.
④ 해당 본문을 본인의 목소리로 녹음해봅시다.

저자 발음 영상

YoungCret

Turn negativity into your fuel.

In this world, <u>not everyone's going to cheer you on</u>. Some folks, because of their own insecurities and jealousy, will try to throw shade on your success.

It's not your fault. <u>What matters is how you handle that</u>. Don't let their negativity stick to you. Like mud thrown against a wall, let it slide right off. Keep pushing forward, focused on your goals.

<u>The only person you need to prove anything to is yourself</u>. Turn their doubts into your fuel. Let their skepticism drive you to achieve even greater heights. <u>That's how</u> you turn adversity into advantage.

You are the pilot, not a passenger in life.
This is your own movie, and you are the lead.

당신은 인생의 조종사이지, 승객이 아니에요.
이것은 당신의 영화이며, 주연은 바로 당신입니다.

Chapter 7

Restore;

다시
일어서세요

슬퍼하지 않기로 해요

**You may not dictate every circumstance in your life.
But you are the only one who holds the power
to decide not to let them define you.**

당신은 삶에서의 모든 상황을 지배할 순 없을 거예요.
그런데, 그 상황들이 당신을 정의하지 않도록 결정하는 힘은
오직 당신이 가지고 있어요.

It's going to be okay.

Sometimes life hits you with a little more than you think you can handle. It feels like you're holding the weight of an old, heavy sky. But the thing is, it is not your fault - the world's just doing its thing.

Right now, it might seem like you're in the thick of it, shadows hanging low, but there's a clearing up ahead. You got this. Just keep walking, keep breathing. Each step, each breath is moving you closer to where the light pours in. And it will pour in. It always does.

So, take a moment, and feel the weight lifting off your shoulders. You're exactly where you need to be, doing exactly what you need to be doing.

다 괜찮아질 거예요

살다 보면 가끔은 당신이 감당하기엔 좀 벅찰 것만 같은 일을 맞닥뜨리게 됩니다. 그럴 땐 마치 오래되고 무거운 하늘의 무게를 짊어진 듯하죠. 하지만 중요한 건 말입니다, 당신의 잘못이 아니라는 거예요. 세상은 그저 제 할 일을 하고 있을 뿐입니다.

지금은 한창 힘이 들고 그림자가 낮게 깔린 것처럼 보일지 모르지만, 머잖아 맑게 갤 때가 오기 마련입니다. 당신은 할 수 있어요. 계속 걸으세요. 숨을 쉬세요. 한 걸음, 한숨이 당신을 이끌어 빛이 쏟아지는 곳으로 다가갑니다. 그리고 빛은 반드시 들어올 거예요. 항상 그랬듯이.

자, 잠시 숨을 돌리고, 어깨가 가벼워지는 걸 느껴보세요. 당신은 정확히 당신이 있어야 할 곳에서, 정확히 해야 할 일을 하는 중입니다.

English Secret 1 소리 내서 읽고 필사하기

오늘 하루는 어땠나요?
숨이 턱까지 차오르고, 정신없는 하루였나요?
더 나아질 거예요. 앞으론 더욱더.
It's going to be okay.

• handle 감당하다 • weight 무게 • fault 잘못
• in the thick of ~ ~의 한복판에 있다, 한창 ~이다 • hang low 낮게 걸려 있다 • clear up 개다, 걷히다

1 살다 보면 가끔은 당신이 감당하기엔 좀 벅찰 것만 같은 일을 맞닥뜨리게 됩니다.

Sometimes life hits you with a little more than you think you can _____.

2 그럴 땐 마치 오래되고 무거운 하늘의 무게를 짊어진 듯하죠.

It feels like you're holding the _____ of an old, heavy sky.

1 하지만 중요한 건 말입니다, 당신의 잘못이 아니라는 거예요. 세상은 그저 제 할 일을 하고 있을 뿐입니다.

2 당신은 할 수 있어요. 계속 걸으세요, 숨을 쉬세요. 한 걸음, 한숨이 당신을 이끌어 빛이 쏟아지는 곳으로 다가갑니다.

3 당신은 정확히 당신이 있어야 할 곳에서, 정확히 해야 할 일을 하는 중입니다.

1 But the

_____

_____

_____

2 You got

_____

_____

_____

3 You're exactly

_____

_____

_____

Go beyond cynicism.

Sometimes, life feels like it's just a bunch of broken promises and expired lottery tickets. It's easy to slip into thinking everything's a joke or nothing matters. But that's the easy way out. Going beyond cynicism? That's the real challenge.

It's about finding that one good reason to keep believing when you've got a hundred reasons to doubt in life. Look for those little wins, those moments that feel like a warm sunset after a storm.

Because every day brings a chance to turn it all around, and maybe, just maybe, it's worth sticking around for what's next. And sometimes that's something worth more than any old cynic's philosophies.

냉소주의를 뛰어넘으세요

가끔 그렇게 느끼죠. 인생이란 그저 깨진 약속이요, 기한 지나버린 복권 묶음 같다고. 모든 게 우스운 농담이고 의미 있는 건 하나도 없다고 생각하기 쉽죠. 하지만 그건 너무 쉽사리 달아나는 겁니다. 냉소주의를 넘어서는 것? 그게 진짜 도전이죠.

인생에 회의를 느낄 이유가 수백 가지일 때도 믿음을 잃지 않을 단 하나의 훌륭한 이유를 찾는 겁니다. 그런 작은 승리들, 폭풍 후 따뜻한 석양처럼 느껴지는 순간들을 찾아보세요.

왜냐하면 모든 걸 역전할 기회는 매일같이 찾아오며, 어쩌면, 정말 어쩌면, 다음에 뭐가 있을지 꿋꿋이 기다릴 만한 가치가 있거든요. 그리고 가끔은 그것이 그 어떤 고리타분한 냉소주의자의 철학보다 더 값지니까요.

English Secret 1 소리 내서 읽고 필사하기

때로는 틀려도 긍정적인 순간이
옳으며 비관적인 순간보다
값질 수 있습니다.
Go beyond cynicism.

259

• expired 만료된   • slip into 빠져들다   • matter 의미가 있다, 중요하다
• feel like ~ ~같이 느껴지다   • turn around 역전하다, 호전되다   • cynic 냉소적인 사람

1 가끔 그렇게 느끼죠, 인생이란 그저 깨진 약속이요, <u>기한 지나버린</u> 복권 묶음 같다고.

Sometimes, life feels like it's just a bunch of broken promises and _____ lottery tickets.

2 모든 게 우스운 농담이고 <u>의미 있는</u> 건 하나도 없다고 생각하기 쉽죠.

It's easy to slip into thinking everything's a joke or nothing _____.

English Secret 3 영작 후 필사하기

1 하지만 그건 너무 쉽사리 달아나는 겁니다. 냉소주의를 넘어서는 것? 그게 진짜 도전이죠.
2 인생에 회의를 느낄 이유가 수백 가지일 때도 믿음을 잃지 않을 단 하나의 훌륭한 이유를 찾는 겁니다.
3 그런 작은 승리들, 폭풍 후 따뜻한 석양처럼 느껴지는 순간들을 찾아보세요.

1 But that's

2 It's about

3 Look for

Find strength in stressful situations.

Do you ever think about how life's a lot like surfing? Sometimes, you're out there, catching waves smoothly, feeling on top of the world. But then, big ones roll in, trying to knock you off your board.

The only way to stay standing is not to avoid the waves altogether but to get better at riding them. Even when they come hard and fast, it's the ride that teaches you. It's this gradual process of failing and succeeding in life that shapes your skills.

So next time a monster wave comes at you, don't just fight the current; use it to move forward, deeper into the life you're aiming for.

스트레스가 심해도 힘을 찾으세요

인생이 서핑과 많이 닮았다고 생각해본 적 있나요? 가끔은 바다로 나가 부드럽게 파도를 타며, 세상 부러울 게 없다고 느낄 때도 있습니다. 그런데 바로 그럴 때, 큰 파도가 밀려와 당신을 보드 위에서 넘어뜨리려 하죠.

이때 서서 넘어지지 않는 유일한 방법은 모든 파도를 피하는 게 아니라, 파도를 더 잘 타는 방법을 배우는 겁니다. 파도가 세차고 빠르게 몰아쳐도, 당신에게 가르침을 주는 건 파도를 타는 겁니다. 이처럼 실패와 성공을 거듭하는 점진적인 과정이 당신에게 기술을 전해주니까요.

그러니 다음번에 거대한 파도가 닥치거든, 마냥 물결과 싸우지 마세요. 그걸 이용해서 앞으로 나아가세요, 당신이 지향하는 삶 속으로 더 깊숙이 말입니다.

English Secret 1 소리 내서 읽고 필사하기

잠시 눈을 감고, 당신의 인생에서
가장 큰 성취를 떠올려보세요.
어려웠지만, 결국 해냈죠. 이번에도 그럴 거예요.
So from now on, try to find strength in stressful situations.

- on top of the world 정상에 선 • roll in 밀려오다 • knock off 넘어뜨리다.
- gradual 점진적인 • current 조류 • aim for ~ ~를 목표 삼다, 지향하다

1 가끔은 바다로 나가 부드럽게 파도를 타며, <u>세상 부러울 게 없다고</u> 느낄 때도 있습니다.

Sometimes, you're out there, catching waves smoothly, feeling
— — — — ——.

2 그런데 바로 그럴 때, 큰 파도가 밀려와 당신을 보드 위에서 넘어뜨리려 하죠.

But then, big ones ___ __, trying to knock you off your board.

English Secret 3 영작 후 필사하기

1 인생이 서핑과 많이 닮았다고 생각해본 적 있나요?

2 파도가 세차고 빠르게 몰아쳐도, 당신에게 가르침을 주는 건 파도를 타는 겁니다.

3 그러니 다음번에 거대한 파도가 닥치거든, 마냥 물결과 싸우지 마세요. 그걸 이용해서 앞으로 나아가세요. 당신이 지향하는 삶 속으로 더 깊숙이 말입니다.

1 Do you

2 Even when

3 So next

You return to peace effortlessly.

Imagine you're sitting on the bank of a slow-moving river. The water is calm, gently flowing past, reflecting the sky above. You're there, just watching, letting each slow breath sync with the quiet ripples. Every inhale draws in peace, and every exhale releases a little bit of the day's weight.

Now, picture the sun setting, painting the sky with strokes of pink and orange. It's like every worry is washing away with the fading light, leaving only calm. Close your eyes for a moment and let that peace fill up the space around you, inside you.

This is where you return to peace, effortlessly. Breathe in deep, let your shoulders drop, and know that this peaceful place is always here, waiting for you.

가뿐히 평화로 돌아갑니다

천천히 흐르는 강기슭에 앉아 있다고 상상해보세요. 잔잔한 물은 천천히 흐르며 하늘을 비춥니다. 당신은 거기 앉아 그저 바라보며, 느린 숨결 하나하나가 잔잔한 물결과 일치하도록 합니다. 숨을 들이쉴 때마다 평화가 잦아들고, 내쉴 때마다 하루의 무게가 조금씩 덜어지죠.

이제, 뉘엿뉘엿 지는 해가 분홍색과 오렌지색으로 하늘을 붓질하는 모습을 그려보세요. 스러지는 빛과 함께 모든 걱정이 씻겨나가고, 오직 평온만 남는 것 같습니다. 잠시 눈을 감고 그 평화가 당신의 주위를, 당신의 내부를 채우도록 해보세요.

여기가 바로 당신이 가뿐하게 평화로 돌아오는 곳입니다. 깊이 숨을 들이쉬고, 어깨에 힘을 빼세요. 이 평화로운 장소가 언제나 당신을 기다리며 여기 있음을 잊지 마세요.

English Secret 1 소리 내서 읽고 필사하기

가끔 우린, 인생에서 가장 평온했던 기억을 떠올리곤 하죠.
'왜 지금은 그렇지 않지?' 하며 자기 연민에 빠질 필요 없어요.
이젠 그 기억을, 당신의 회복 공간으로 저장하고 활용하세요.
You return to peace effortlessly.

267

- bank 둑, 기슭   - calm 조용한, 잠잠한   - sync with 맞추어, 조화를 이뤄
- stroke 붓질   - fade 스러지다   - fill up 채우다

English Secret 2 주요 표현 필사하기

1 천천히 흐르는 강기슭에 앉아 있다고 상상해보세요. <u>잔잔한</u> 물은 천천히 흐르며 하늘을 비춥니다.

Imagine you're sitting on the bank of a slow-moving river. The water is ___, gently flowing past, reflecting the sky above.

2 당신은 거기 앉아 그저 바라보며, 느린 숨결 하나하나가 잔잔한 물결과 <u>일치하도록 합니다</u>.

You're there, just watching, letting each slow breath ___ ___ the quiet ripples.

English Secret 3 영작 후 필사하기

1 숨을 들이쉴 때마다 평화가 잦아들고, 내쉴 때마다 하루의 무게가 조금씩 덜어지죠.

2 이제, 뉘엿뉘엿 지는 해가 분홍색과 오렌지색으로 하늘을 붓질하는 모습을 그려보세요.

3 깊이 숨을 들이쉬고, 어깨에 힘을 빼세요. 이 평화로운 장소가 언제나 당신을 기다리며 여기 있음을 잊지 마세요.

1 Every inhale

_____

_____

_____

2 Now, picture

_____

_____

_____

3 Breathe in

_____

_____

_____

Quiet the storm within.

Our minds can sometimes feel like they're caught in a storm of stress and anxiety. To calm this internal storm, it's helpful to use simple techniques that science supports. Deep, controlled breathing can quiet your mind quickly. It changes how your brain works by activating parts that help you relax.

Visualization, or picturing a peaceful scene in your mind, can also help. It activates brain areas linked to positive feelings and helps distract from stress.

These methods are not just quick fixes but can be developed into habits that make calmness a normal part of your life. By learning and using these techniques regularly, you gain more control over your mental state, turning the storm into peace.

내면의 폭풍을 잠재우세요

우리 마음은 가끔 스트레스와 불안의 폭풍에 휩싸인 것처럼 느껴질 수 있습니다. 이 내면의 폭풍을 가라앉히기 위해, 과학이 뒷받침하는 간단한 기술을 사용해보면 도움이 됩니다. 잘 조절된 심호흡은 빠르게 마음을 진정시킬 수 있으며, 긴장을 풀어주는 부위를 활성화함으로써 뇌의 작동 방식을 바꾸어줍니다.

시각화, 또는 마음속에 평화로운 장면을 그리는 것 역시 도움이 됩니다. 이는 긍정의 감정과 연결된 뇌 영역을 활성화해서 스트레스에서 벗어나도록 해줍니다.

이 방법들은 그저 일시적인 해결책이 아니라, 습관으로 발전되어 평안함을 일상으로 만들 수 있습니다. 이러한 기술을 배우고 자주 사용함으로써 당신은 마음의 상태를 더 잘 통제할 수 있게 되며, 폭풍을 평화로 바꿀 수 있습니다.

English Secret 1 소리 내서 읽고 필사하기

'반복된 행동이 습관을 만들고, 그것이 내 인생을 만든다.'
동의하시나요? 네, 그러면 이제
스트레스 해소법을 습관화하도록 하죠.
With this technique, quiet the storm within.

•anxiety 불안 •helpful 도움이 되는 •technique 기술
•activate 활성화하다 •visualization 시각화 •gain 얻다

1 우리 마음은 가끔 스트레스와 <u>불안</u>의 폭풍에 휩싸인 것처럼 느껴질 수 있습니다.

Our minds can sometimes feel like they're caught in a storm of stress and _____.

2 이 내면의 폭풍을 가라앉히기 위해, 과학이 뒷받침하는 간단한 기술을 사용해보면 <u>도움이 됩니다.</u>

To calm this internal storm, it's _____ to use simple techniques that science supports.

English Secret 3 영작 후 필사하기

1 시각화, 또는 마음속에 평화로운 장면을 그리는 것 역시 도움이 됩니다.
2 이는 긍정의 감정과 연결된 뇌 영역을 활성화해서 스트레스에서 벗어나도록 해줍니다.
3 이 방법들은 그저 일시적인 해결책이 아니라, 습관으로 발전되어 평안함을 일상으로 만들 수 있습니다.

1 Visualization, or

2 It activates

3 These methods

Expand your horizons for inner peace.

Life's pressures can make us feel suffocated with anxiousness. A simple shift in how you use your eyes can help break this cycle. Instead of focusing intently on the troubles before you, look gently at distant objects or widen your view.

This relaxed way of looking helps calm your mind and reduces tension. Whenever you feel stressed, make this your go-to strategy, and you'll discover that with a wider view, problems seem smaller, and solutions become clearer.

Simply put, by learning to control your focus, you gain control over your emotions. Always know that there are these various techniques to help you navigate through life; never stay stagnant. Keep on learning.

시야를 넓혀 내면의 평화를 얻으세요

때로 삶의 압박은 우리를 불안으로 숨 막히게 합니다. 두 눈을 사용하는 방법을 바꾸기만 해도, 이런 악순환을 끊을 수 있습니다. 오로지 앞에 놓인 문제에만 몰두하지 말고, 멀리 있는 물체를 부드럽게 바라보거나 시야를 넓히세요.

이런 느긋한 시선은 마음을 진정시키는 데 도움이 되고 긴장도 완화합니다. 스트레스를 느낄 때마다 이 방법을 당신의 '최애' 전략으로 삼으세요. 그러면 시야가 넓어진 덕에 문제는 더 작게 보이고 해결책은 더 명확해진다는 걸 알게 됩니다.

간단히 말해, 초점 맞추는 방법을 배움으로써, 당신은 감정을 통제하는 능력을 얻게 됩니다. 삶을 항해해 나가는 데 도움 되는 이런 다양한 기술들이 있다는 것, 항상 잊지 마십시오. 결코 제자리에 머무르지 말고, 끊임없이 배우세요.

English Secret 1 소리 내서 읽고 필사하기

가전이나 기기를 사면, 항상 설명서를 읽곤 하죠.
그런데 나라는 사람의 설명서는 잘 안 읽는 거 같아요.
자주, 혼자, 곰곰이 나에 대한 시간 가져보기로 해요.
Keep on learning about yourself.

• **suffocate** 숨 막히게 하다   • **anxiousness** 불안감   • **intently** 몰두해서, 골똘히
• **distant** 멀리 떨어진   • **reduce** 줄이다, 완화하다   • **stagnant** 머무르는, 정체된

1   때로 삶의 압박은 우리를 불안으로 숨 막히게 합니다.

Life's pressures can make us feel _____ with anxiousness.

_____

_____

_____

2   오로지 앞에 놓인 문제에만 몰두하지 말고, 멀리 있는 물체를 부드럽게 바라보거나 시야를 넓히세요.

Instead of focusing _____ on the troubles before you, look gently at _____ objects or widen your view.

_____

_____

_____

English Secret 3 영작 후 필사하기

1 두 눈을 사용하는 방법을 바꾸기만 해도, 이런 악순환을 끊을 수 있습니다.

2 스트레스를 느낄 때마다 이 방법을 당신의 '최애' 전략으로 삼으세요.

3 삶을 항해해 나가는 데 도움 되는 이런 다양한 기술들이 있다는 것, 항상 잊지 마십시오. 결코 제자리에 머무르지 말고, 끊임없이 배우세요.

1 A simple

---

2 Whenever you

---

3 Always know

Question your inner critic.

Often, the voice inside our heads is our harshest critic. It can paralyze us with doubt and prevent us from pursuing what truly matters. But it's crucial to remember that this inner critic does not always speak the truth.

Question that voice. Is it really telling you something useful, or is it just echoing old fears and insecurities? Distinguish between constructive criticism and self-sabotage. Challenge the negative thoughts that hold you back by seeking evidence against them and reaffirming your capabilities.

Regulate the volume of your inner critic. Turn it down when it becomes too loud and destructive. Allow it to be a realistic guide rather than a hindering force.

내 안의 비판자에게 의문을 제기하세요

내 안의 목소리가 흔히 가장 냉혹한 비판자 노릇을 합니다. 이 목소리는 의심으로 우리를 마비시키고, 정말 중요한 일을 추구하지 못하도록 방해할 수 있습니다. 그러나 이 내면의 비판자가 항상 진실을 말하는 것은 아니라는 점을 기억하는 것이 중요합니다.

그 목소리에 의문을 제기하세요. 그것이 정말로 유용한 걸 말해주고 있나요? 아니면 단지 오래된 두려움과 불안을 되풀이하고 있는 건가요? 건설적인 비판과 자기 파괴 사이의 차이를 구별하세요. 당신을 가로막는 부정적인 생각이 틀려먹었다는 증거를 찾아 이의를 제기하고, 당신의 능력을 다시 확인하세요.

당신 내면의 비판자가 내는 소리를 조절하세요. 너무 시끄럽고 파괴적일 때는 볼륨을 줄이는 겁니다. 그것이 방해하는 세력이 아니라 현실적인 가이드가 되도록 하세요.

English Secret 1 소리 내서 읽고 필사하기

안 될 것 같은데, 못 하겠어.'

당신의 위험 제어기, 어쩌면 세팅이 잘못되어 있을지도.

의심의 목소리를 한번 더 의심하고 바라보기.

Question your inner critic.

· critic   비판자   · paralyze   마비시키다   · prevent   막다, 방해하다
· question   의문을 제기하다   · distinguish   구별하다   · realistic   현실적인

English Secret 2 주요 표현 필사하기

1 이 목소리는 의심으로 우리를 마비시키고, 정말 중요한 일을 추구하지 못하도록 방해할 수 있습니다.

It can _____ us with doubt and _____ us from pursuing what truly matters.

2 그 목소리에 의문을 제기하세요. 그것이 정말로 유용한 걸 말해주고 있나요? 아니면 단지 오래된 두려움과 불안을 되풀이하고 있는 건가요?

_____ that voice. Is it really telling you something useful, or is it just echoing old fears and insecurities?

English Secret 3 영작 후 필사하기

1 내 안의 목소리가 흔히 가장 냉혹한 비판자 노릇을 합니다.
2 그러나 이 내면의 비판자가 항상 진실을 말하는 것은 아니라는 점을 기억하는 것이 중요합니다.
3 그것이 방해하는 세력이 아니라 현실적인 가이드가 되도록 하세요.

1 Often, the

2 But it's

3 Allow it

It takes practice to feel good.

Many of us believe we can get through the day without being overwhelmed by our emotions. Yet, a harsh comment, a difficult colleague, or a small argument can easily ruin our day. Why is this the case? As humans, regulating our emotions is inherently difficult - they're deeply wired within us.

Getting better at managing our emotions takes practice, just like any other skill. Even when you are not feeling better, you can get better at feeling. When emotions flare up, try pausing for a moment. Count to three before you respond.

You don't have to feel good all the time, it's about improving how you handle your feelings.

기분이 좋아지는 것도 연습이 필요합니다

자신의 감정에 압도당하지 않고 하루를 보낼 수 있다고 믿는 사람들이 많습니다. 그러나 혹독한 한마디, 비협조적인 동료, 사소한 논쟁만으로도 쉽게 하루가 망가질 수 있습니다. 왜 그런 걸까요? 우린 인간인지라, 감정 조절이 본질적으로 어렵습니다. 감정은 우리 안 깊숙이 깔려 있거든요.

다른 기술도 마찬가지겠지만, 감정 관리 기술이 더 능숙해지려면 연습이 필요합니다. 기분이 썩 좋지 않을 때라도, 느끼는 기술은 더 나아질 수 있는 겁니다. 감정이 격해질 때면 잠시 모든 걸 멈춰보세요. 그리고 반응하기 전에 셋을 세는 겁니다.

항상 기분이 좋아야 할 필요는 없습니다. 중요한 건 감정 다루는 법을 개선하는 데 있으니까요.

English Secret 1 소리 내서 읽고 필사하기

별일 아닌 일로 울컥 눈물이 날 때
내 안의 화가 끓어넘칠 때.
반응하기 전, 감정 딜레이 연습하기.
You know, it takes practice to actually feel good.

• **get through** 보내다, 넘기다   • **overwhelmed** 압도당하다   • **regulate** 조절하다
• **flare up** 왈칵 격해지다   • **pause** 멈추다   • **respond** 반응하다

English Secret 2 주요 표현 필사하기

1 자신의 감정에 <u>압도당하지</u> 않고 하루를 <u>보낼</u> 수 있다고 믿는 사람들이 많습니다.

Many of us believe we can ___ _____ the day without being
_____ by our emotions.

_____

_____

_____

2 우린 인간인지라, 감정 <u>조절</u>이 본질적으로 어렵습니다. 감정은 우리 안 깊숙이 깔려 있거든요.

As humans, _____ our emotions is inherently difficult -
they're deeply wired within us.

_____

_____

_____

1 그러나 혹독한 한마디, 비협조적인 동료, 사소한 논쟁만으로도 쉽게 하루가 망가질 수 있습니다. 왜 그런 걸까요?

2 다른 기술도 마찬가지겠지만, 감정 관리 기술이 더 능숙해지려면 연습이 필요합니다.

3 항상 기분이 좋아야 할 필요는 없습니다. 중요한 건 감정 다루는 법을 개선하는 데 있으니까요.

---

1 Yet, a

2 Getting better

3 You don't

In quiet moments, everything becomes clearer.

Isn't it crazy how when you're all caught up in the daily grind, it feels like you're running on a treadmill with no off switch? Just non-stop-phones buzzing, screens flashing, the whole world screaming at you from all angles. It's madness.

But then, there's that moment when you step off, get a little alone time, and suddenly everything quiets down. Just you and your thoughts, no distractions.

That's when it hits you - what you're really about, what's eating you, what's lifting you. It is in those quiet moments that the magic happens. Everything gets clearer because it's just you, figuring out the big stuff without any external noise.

조용한 순간, 모든 것이 더 또렷해집니다

매일의 고된 일상에 휩싸여 있을 때면, 마치 '오프' 스위치도 없는 러닝머신 위를 달리는 것 같아 미칠 지경이지 않나요? 전화기는 끊임없이 울려대고, 스크린은 번쩍이며, 온 세상이 사방에서 소릴 질러댑니다. 그야말로 광기죠.

하지만, 당신이 발을 떼고 잠시 혼자만의 시간을 누리면 갑자기 모든 게 조용해지는 그런 순간도 있습니다. 그 어떤 방해도 없이, 오롯이 당신과 당신의 생각만이 남죠.

바로 그때 당신은 문득 깨닫습니다. 당신은 도대체 어떤 사람인지, 무엇이 당신의 맘을 갉아먹는지, 무엇이 당신을 번쩍 들어 올리는지를 말입니다. 마법과 같은 일이 일어나는 건 바로 그런 조용한 순간입니다. 모든 게 더 또렷해지죠, 당신 혼자서 그 어떤 외부의 소음도 없이 진짜 중요한 걸 찾아내니까.

좋은 영양제도 많이 먹으면 독이기에
모두의 성공 방정식이 다 다르기에
가끔은 외부의 조언보다, 내면의 목소리에 집중하기.
Just you and your thoughts. No distractions.

•caught up 휩싸이다, 휘말리다　•daily grind 고된 일상　•treadmill 러닝머신
•buzz 윙윙 울리다　•quiet down 조용해지다　•distraction 방해

1   매일의 고된 일상에 휩싸여 있을 때면, 마치 '오프' 스위치도 없는 러닝머신 위를 달리는 것 같아 미칠 지경이지 않나요?

Isn't it crazy how when you're all _____ __ in the daily grind, it feels like you're running on a treadmill with no off switch?

_____

_____

_____

2   전화기는 끊임없이 울려대고, 스크린은 번쩍이며, 온 세상이 사방에서 소릴 질러 댑니다. 그야말로 광기죠.

Just non-stop-phones _____, screens flashing, the whole world screaming at you from all angles. It's madness.

_____

_____

English Secret 3 영작 후 필사하기

1 그 어떤 방해도 없이, 오롯이 당신과 당신의 생각만이 남죠.

2 바로 그때 당신은 문득 깨닫습니다. 당신은 도대체 어떤 사람인지, 무엇이 당신의 맘을 갉아먹는지, 무엇이 당신을 번쩍 들어 올리는지를 말입니다.

3 마법과 같은 일이 일어나는 건 바로 그런 조용한 순간입니다. 모든 게 더 또렷해지죠. 당신 혼자서 그 어떤 외부의 소음도 없이 진짜 중요한 걸 찾아내니까.

1 **Just you**

2 **That's when**

3 **It is**

Secret Plus 영크릿의 원어민처럼 발음하기 ❼

❶ 영상에서 저자의 발음을 직접 들어봅시다.
❷ 저자의 발음을 따라 소리 내서 읽어봅시다.
❸ 밑줄 친 발화 포인트를 살려서 다시 발음해봅시다.
❹ 해당 본문을 본인의 목소리로 녹음해봅시다.

저자 발음 영상

YoungCret

In quiet moments, everything becomes clearer.

<u>Isn't it crazy how</u> when you're all caught up in the daily grind, it feels like you're running on a treadmill with no off switch? <u>Just non-stop-phones buzzing, screens flashing</u>, the whole world screaming at you from all angles. It's madness.

But then, <u>there's that moment</u> when you step off, get a little alone time, and suddenly everything quiets down. Just you and your thoughts, no distractions.

<u>That's when it hits you</u> - what you're really about, what's eating you, what's lifting you. It is in those quiet moments <u>that the magic happens</u>. Everything gets clearer because it's just you, figuring out the big stuff without any external noise.

Sometimes life hits you with a little
more than you think you can handle.
Just look for those little wins, those moments
that feel like a warm sunset after a storm.

때로 인생은 당신이 감당할 수 있다고 생각하는 것보다

조금 더 큰 시련을 안겨주기도 합니다.

그럴 땐 작은 성공을 찾으세요,

폭풍 후의 따스한 일몰과 같은 순간들 말입니다.

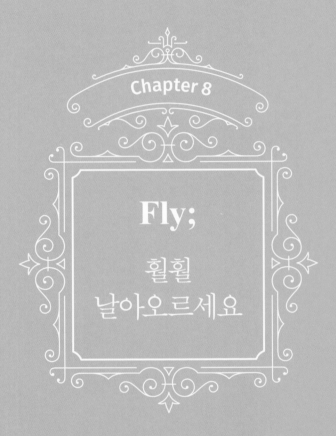

Chapter 8

Fly;

훨훨
날아오르세요

빛나는 어둠을 본 적 있나요

**Within you resides darkness -
your insecurities, past mistakes or failures.
Don't be resentful.
To feel the light more accurately,
you need that darkness.**

당신의 내면에 어둠이 자리 잡고 있어요.
당신의 불안, 과거의 실수, 실패들.
그렇다고 분개하지 마세요.
빛을 더 정확히 느끼기 위해선
그런 어둠이 필요하니까.

You are not your past.

Your past is just a teaser, not the entire script for your future. Think of every mistake, every regret, as a lesson - they shaped you but do not define you. They taught you, grew you, but they're not you.

You are an evolved being, enriched by a great deal of experiences. Some were groundbreaking and profound, others perhaps messy and challenging. Regardless of their nature, don't dwell on them.

These experiences are just fertilizer for your growth. Continue to nurture your dreams with them, cultivating the best version of yourself.

당신은 당신의 과거가 아닙니다

당신의 과거는 단지 예고편일 뿐, 미래의 각본 전부가 아닙니다. 모든 실수와 후회를 교훈으로 받아들이세요. 그런 게 당신의 모습을 만들긴 했지만, 당신의 의미까지 규정하는 건 아닙니다. 당신을 가르치고 키웠지만, 그것들이 당신은 아닙니다.

당신은 많은 경험으로 넉넉해진 진화된 존재입니다. 혁신적이며 심오한 경험도 있었을 테고, 아마 지저분하고 힘든 경험도 있었을 겁니다. 그게 어떤 특성이었든, 거기 연연하지 마세요.

이 모든 경험은 단지 당신의 성장을 위한 비료일 뿐입니다. 그걸로 당신의 꿈 가꾸기를 멈추지 말고, 당신의 가장 멋진 모습을 가꾸어나가세요.

English Secret 1 소리 내서 읽고 필사하기

항상 과거의 영광에 머무는 사람이 있죠.
때론 그 어두운 곳에, 웅크리는 사람들도 있고요.
과거는 과거일 뿐. 우리, 연연하지 않기로 해요.
They do not define who you are today.

• teaser 티저, 예고편   • enrich 풍부하게 하다, 강화하다   • groundbreaking 혁신적인
• profound 심오한   • regardless of ~ ~에도 불구하고   • dwell on ~ ~를 곱씹다, ~에 연연하다

1 당신의 과거는 단지 예고편일 뿐, 미래의 각본 전부가 아닙니다.

Your past is just a _____, not the entire script for your future.

2 당신은 많은 경험으로 넉넉해진 진화된 존재입니다.

You are an evolved being, _____ by a great deal of experiences.

1 모든 실수와 후회를 교훈으로 받아들이세요. 그런 게 당신의 모습을 만들긴 했지만, 당신의 의미까지 규정하는 건 아닙니다.

2 이 모든 경험은 단지 당신의 성장을 위한 비료일 뿐입니다.

3 그걸로 당신의 꿈 가꾸기를 멈추지 말고, 당신의 가장 멋진 모습을 가꾸어나가세요.

1 Think of

_____

_____

_____

2 These experiences

_____

_____

_____

3 Continue to

_____

_____

_____

You're breaking free.

Chasing perfection can trap you in a cycle of never feeling good enough. It's like constantly painting over a masterpiece, never satisfied, always seeking one more touch-up. But perfection is a myth that hinders your true expression and creativity.

Break free from the obsession with perfection and embrace your imperfections - they are what make you unique and genuine. Each flaw, each stumble in your journey, serves as a necessary pedestal for learning and growth.

Let go of the impossible standards and find freedom in the beauty of being imperfectly you. This is your moment to stop polishing the already vibrant facets of your life and start living them, unfiltered and fearless.

당신은 자유로워지고 있습니다

완벽을 좇다 보면 뭔가 모자란다는 느낌의 악순환에 빠질 수 있습니다. 그건 마치 걸작에 계속 덧칠하면서 만족하지 못하고, 늘 조금만 더 손질하려는 것과 같습니다. 하지만 완벽이란 진정한 자신의 표현과 창의성을 방해하는 근거 없는 생각입니다.

완벽에의 집착에서 벗어나 당신의 불완전함을 받아들이세요. 그것이 바로 당신을 독특하고 진정성 있게 만드니까요. 당신의 여정에서 나타난 모든 흠과 실수는 배움과 성장을 위해 꼭 필요한 받침대 역할을 합니다.

말도 안 되는 기준일랑 내려놓고, 불완전한 당신 자신으로서의 아름다움에서 자유를 찾으세요. 이제는 당신 삶의 생기 넘치는 면면을 또 닦으려 하지 말고, 거르거나 겁내는 법 없이 그런 순간들을 살아가기 시작할 때입니다.

학창 시절 수채화를 그릴 때
마음에 드는 그림도 덧칠하고 덧칠하면, 결국 찢어지지 않던가요?
지금 당신 모습, 이미 꽤 괜찮아요. 정말로.
Break free from the obsession with perfection.

•chase 좇다 •trap 가두다, 빠뜨리다 •touch-up 수정, 다듬기
•creativity 창의성 •obsession 집착 •facets ~ 표면, 면

1 완벽을 좇다 보면 뭔가 모자란다는 느낌의 악순환에 빠질 수 있습니다.

_____ perfection can trap you in a cycle of never feeling good enough.

2 그건 마치 걸작에 계속 덧칠하면서 만족하지 못하고, 늘 조금만 더 손질하려는 것과 같습니다.

It's like constantly painting over a masterpiece, never satisfied, always seeking one more _____.

English Secret 3 영작 후 필사하기

1 하지만 완벽이란 진정한 자신의 표현과 창의성을 방해하는 근거 없는 생각입니다.

2 당신의 여정에서 나타난 모든 흠과 실수는 배움과 성장을 위해 꼭 필요한 받침대 역할을 합니다.

3 말도 안 되는 기준일랑 내려놓고, 불완전한 당신 자신으로서의 아름다움에서 자유를 찾으세요.

1 But perfection

2 Each flaw,

3 Let go

You're shedding old skins.

Think of the cicada, an insect that undergoes a profound transformation every seventeen years. Imagine spending seventeen years underground as a larva, emerging only to shed its skin and thrive. If it fails to transform, it cannot complete its life cycle and ultimately dies.

Similarly, humans experience essential growth, which, though not always as visible as the cicada's, is a vital part of our lives. No matter how challenging or daunting your circumstances might appear, remember there is always light at the end of the tunnel.

You are just one step away from transforming into the person you're meant to be. Stay strong, and just keep pushing forward.

당신은 오랜 허물을 벗고 있습니다

매미를 생각해볼까요. 17년마다 한 번씩 엄청난 변화를 겪는 곤충이죠. 17년 동안 땅속에서 애벌레로 지내다, 땅 위로 올라와 허물을 벗고는 번성하는 것을 떠올려보세요. 애벌레에서 변신하지 못한다면, 생명 주기를 완성하지 못하고 결국 죽고 맙니다.

마찬가지로 인간도 꼭 필요한 성장을 경험합니다. 그 성장은 매미처럼 눈에 보이지는 않아도 우리 삶의 중요한 부분이죠. 당신의 상황이 아무리 어렵거나 벅차게 보일지라도, 터널 끝에는 항상 빛이 있다는 것을 기억하세요.

지금 당신은 운명이 정해준 당신의 모습으로 변하기까지 딱 한 걸음 떨어져 있습니다. 힘을 잃지 말고, 계속 전진하세요.

English Secret 1 소리 내서 읽고 필사하기

'인생의 진정한 보상은 내가 얻는 것이 아닌, 되는 것이다.'
꿈이 있다면 인내심을 가지고, 포기하지 마세요.
거의 다 왔어요. 딱 한 걸음만 더.
Stay strong. Keep pushing forward.

•cicada 매미   •transformation 변화, 변형   •larva 유충, 애벌레
•shed 벗다, 탈피   •visible 눈에 보이는, 가시적인   •daunting 벅찬

1 매미를 생각해볼까요, 17년마다 한 번씩 엄청난 변화를 겪는 곤충이죠.

Think of the _____, an insect that undergoes a profound transformation every seventeen years.

2 17년 동안 땅속에서 애벌레로 지내다, 땅 위로 올라와 허물을 벗고는 번성하는 것을 떠올려보세요.

Imagine spending seventeen years underground as a larva, emerging only to ____ its skin and thrive.

1 애벌레에서 변신하지 못한다면, 생명 주기를 완성하지 못하고 결국 죽고 맙니다.

2 마찬가지로 인간도 꼭 필요한 성장을 경험합니다. 그 성장은 매미처럼 눈에 보이지는 않아도 우리 삶의 중요한 부분이죠.

3 지금 당신은 운명이 정해준 당신의 모습으로 변하기까지 딱 한 걸음 떨어져 있습니다. 힘을 잃지 말고, 계속 전진하세요.

---

1 If it

2 Similarly, humans

3 You are

From fear to freedom.

Have you ever paid attention to how you talk to yourself, especially on rough days when mistakes happen and your words unintentionally hurt others? It's easy to have thoughts like, "That was stupid. I'm such an idiot. Why did I do that?" This internal criticism can leave you feeling frozen and fearful of repeating the same errors.

Everyone has chapters they don't read out loud. But it's all leading to the final chapter where the dots connect, explaining why things happened just as they did.

Everything happens for a reason. So, the next time you face a challenge, remember to treat yourself with compassion, not condemnation.

두려움을 벗어나 자유로

당신 자신에게 어떻게 말하는지, 주의 깊게 들어본 적이 있나요? 특히 실수를 저지르고, 내 말이 의도와는 달리 다른 사람들을 아프게 하는, 그런 힘든 날에 말입니다. 그럴 때면 이런 생각이 들기 쉽죠. "등신 같으니라고. 나 정말 멍청해. 왜 그랬지?" 이런 내면의 비판은 당신을 얼어붙게 하고 같은 실수를 반복할지도 모른다는 두려움에 사로잡히게 만듭니다.

큰소리로 읽지 않는 챕터는 누구에게나 있잖아요. 하지만 마지막 챕터에 이르면 모든 게 연결되면서 왜 그런 일들이 일어났는지 설명되죠.

모든 일에는 다 이유가 있습니다. 그러니 잊지 말고 다음에 어려움을 마주할 때는 자신을 비난할 게 아니라 따뜻한 연민으로 대하세요.

English Secret 1 소리 내서 읽고 필사하기

지금 당장 비극도, 끝은 해프닝으로 남는
알 수 없는 인생이잖아요.
좀 더 따듯하게 자신을 대해도 괜찮아요.
Treat yourself with compassion, not condemnation.

•especially 특히   •unintentionally 의도치 않게   •idiot 바보
•criticism 비판   •fearful 두려워하는   •condemnation 비난

English Secret 2 주요 표현 필사하기

1 당신 자신에게 어떻게 말하는지, 주의 깊게 들어본 적이 있나요? 특히 실수를 저지르고, 내 말이 <u>의도와는 달리</u> 다른 사람들을 아프게 하는, 그런 힘든 날에 말입니다.

Have you ever paid attention to how you talk to yourself, especially on rough days when mistakes happen and your words _____ hurt others?

_____

_____

_____

2 이런 내면의 <u>비판</u>은 당신을 얼어붙게 하고 같은 실수를 반복할지도 모른다는 두려움에 사로잡히게 만듭니다.

This internal _____ can leave you feeling frozen and fearful of repeating the same errors.

_____

_____

_____

English Secret 3 영작 후 필사하기

1 그럴 때면 이런 생각이 들기 쉽죠. "등신 같으니라고. 나 정말 멍청해. 왜 그랬지?"

2 큰소리로 읽지 않는 챕터는 누구에게나 있잖아요. 하지만 마지막 챕터에 이르면 모든 게 연결되면서 왜 그런 일들이 일어났는지 설명되죠.

3 모든 일에는 다 이유가 있습니다. 그러니 잊지 말고 다음에 어려움을 마주할 때는 자신을 비난할 게 아니라 따뜻한 연민으로 대하세요.

1 It's easy

_____

_____

_____

2 Everyone has

_____

_____

_____

3 Everything happens

_____

_____

_____

Fly past old fences.

Our expectations in life are sometimes like an old fence in the backyard that's weathered too many winters. It's slanting, it's worn, and leaning too hard against it might just land you in a pile of dirt.

When you encounter these old fences - the limits you set for yourself years ago or the ones set by others - it's time to leap over them. Instead of having resentment or deep-seated anger towards these barriers, be grateful.

Appreciate that you have grown enough to rise above them. They are just memories of who you were and a shout-out to who you're becoming. Really, the sky is the limit when you dare to leave the ground.

낡은 울타리를 넘어 날아가세요

살면서 우리가 갖는 기대치는 때로 겨울을 너무 많이 겪은 뒷마당의 오래된 울타리와 같습니다. 그것은 기울어지고 낡아서, 너무 세게 기대면 흙먼지 속에 처박힐 수도 있습니다.

이런 낡은 울타리들을 마주한다면, 이젠 이를 뛰어넘을 때입니다. 여러 해 전 스스로 혹은 다른 사람이 정해놓은 한계들을 말입니다. 이러한 장벽을 원망하거나 깊이 노여워하지 말고, 감사하는 마음을 가지세요.

당신이 그 울타리들을 뛰어넘을 만큼 성장했다는 걸 감사히 여기세요. 그것들은 단지 당신이 누구였는지에 대한 추억이며, 미래의 당신 모습에 대한 찬사입니다. 정말입니다, 당신에게 땅을 박찰 용기가 있다면, 한계란 없습니다.

English Secret 1 소리 내서 읽고 필사하기

그때는 맞고, 지금은 틀릴 수도 있죠.
조금은 유연해지고, 어리석은 일관성이 있다면
살짝 내려놓으세요.
Rise above them.

• **expectation** 기대, 기대치 • **fence** 울타리, 펜스 • **lean** 기울다
• **encounter** 마주치다 • **leap over** 뛰어넘다 • **shout-out** 감사의 표시, 찬사

English Secret 2 주요 표현 필사하기

1 살면서 우리가 갖는 <u>기대치</u>는 때로 겨울을 너무 많이 겪은 뒷마당의 오래된 울타리와 같습니다.

Our _____ in life are sometimes like an old fence in the backyard that's weathered too many winters.

_____

_____

_____

2 이런 낡은 울타리들을 마주한다면, 이젠 이를 <u>뛰어넘을</u> 때입니다. 여러 해 전 스스로 혹은 다른 사람이 정해놓은 한계들을 말입니다.

When you encounter these old fences - the limits you set for yourself years ago or the ones set by others - it's time to ____ ____ them.

_____

_____

_____

English Secret 3 영작 후 필사하기

1 이러한 장벽을 원망하거나 깊이 노여워하지 말고, 감사하는 마음을 가지세요.

2 당신이 그 울타리들을 뛰어넘을 만큼 성장했다는 걸 감사히 여기세요.

3 정말입니다, 당신에게 땅을 박찰 용기가 있다면, 한계란 없습니다.

1 **Instead of**

2 **Appreciate that**

3 **Really, the**

Live in the moment.

We often find ourselves constantly wanting more. While ambition can fuel improvement, it can also distract us from the present. Time is our scarcest and most valuable asset.

Reaching the top means little if you don't have time to enjoy your achievements. That's why savoring the process is crucial. Don't let the pursuit of tomorrow's success overshadow today's joy.

You can find happiness in the smallest moments - taking a walk, enjoying Greek yogurt in the morning, or listening to your favorite songs. Cherish these experiences and create more of them. By doing so, your journey to success becomes not only purposeful but also fulfilling.

이 순간에 충실하세요

종종 우리는 끊임없이 더 많은 것을 원하곤 합니다. 야망은 발전의 연료가 되기도 하지만, 지금의 현실에서 우리를 멀어지게 할 수도 있습니다. 시간은 가장 희소하고 가장 소중한 우리의 자산입니다.

이루어낸 걸 즐길 시간이 없다면, 정상에 도달한들 무슨 의미가 있습니까. 그래서 과정을 만끽하는 게 중요합니다. 내일의 성공을 추구하느라 오늘의 즐거움이 빛을 잃는 우를 범하지 마세요.

산책하거나, 아침에 그릭 요거트를 즐기거나, 좋아하는 노래를 듣는 것. 그처럼 아주 작은 순간에서도 행복을 찾을 수 있습니다. 이런 경험을 소중히 아끼고 더 많이 만드세요. 그렇게 함으로써 당신의 성공으로 가는 여정은 목적이 뚜렷할 뿐 아니라 더욱 충만해집니다.

English Secret 1 소리 내서 읽고 필사하기

'인생이란 거, 아무 의미도 없는 것 같아.'
어두운 생각에 잠겨 있다가도,
문득 아침에 먹은 **토스트**가 너무 맛있었다면, 거기서 다시 시작하기.
Live in the moment.

• fuel 연료를 공급하다   • distract 딴 데로 돌리다   • scarce 희소한, 부족한
• valuable 소중한   • asset 자산   • overshadow ~ (~에 가려) 빛을 잃게 만들다

1 야망은 발전의 <u>연료가 되기</u>도 하지만, 지금의 현실에서 우리를 멀어지게 할 수도 있습니다.

While ambition can ＿＿ improvement, it can also distract us from the present.

_____

_____

_____

316

2 시간은 <u>가장 희소하고</u> 가장 소중한 우리의 자산입니다.

Time is our ＿＿＿＿＿＿ and most valuable asset.

_____

_____

_____

English Secret 3 영작 후 필사하기

1 종종 우리는 끊임없이 더 많은 것을 원하곤 합니다.

2 이루어낸 걸 즐길 시간이 없다면, 정상에 도달한들 무슨 의미가 있습니까. 그래서 과정
을 만끽하는 게 중요합니다.

3 이런 경험을 소중히 아끼고 더 많이 만드세요. 그렇게 함으로써 당신의 성공으로 가는
여정은 목적이 뚜렷할 뿐 아니라 더욱 충만해집니다.

1 We often

2 Reaching the

3 Cherish these

Your time is coming.

Do you ever think about how dull superhero movies would be if the hero had it all from the start? What captures our attention is often how they start off with everything going against them, only to rise above their challenges as the story unfolds.

Whether it's driven by tragedy or an epiphany, the essence is the same: you can be the hero of your own life. No matter how tough you have it, embrace your struggle. Starting at the top would never offer the satisfaction of overcoming obstacles.

Just because your moment hasn't arrived yet doesn't mean it's time to give up. Keep moving forward—your highlight reel is just around the corner.

당신의 시간이 다가오고 있습니다

슈퍼히어로 영화에서 주인공이 처음부터 모든 것을 갖추고 있다면 영화가 얼마나 지루할지 상상해보셨나요? 우리의 관심을 사로잡는 것은 종종 그들이 모든 것이 역경인 상황에서 시작해서, 이야기가 펼쳐지며 그것을 극복하고 일어서는 것입니다.

그게 비극에 의한 것이든, 깨달음에 의한 것이든 그 본질은 같습니다: 당신도 자신의 인생에서 영웅이 될 수 있습니다. 아무리 상황이 힘들어도, 당신의 고난을 포용하세요. 정상에서 시작하는 것은 장애물을 극복해내는 만족을 결코 제공하지 않을 것입니다.

당신의 순간이 아직 오지 않았다고 해서 포기할 때가 되었다는 게 아닙니다. 계속 전진하세요—당신의 하이라이트 장면이 바로 곧입니다.

English Secret 1 소리 내서 읽고 필사하기

여러분이 등장하는
영화의 하이라이트
아직 오지 않았을지도.
Your time is coming.

•dull 지루한, 따분한　•capture 사로잡다　•unfold 펼쳐지다
•tragedy 비극　•epiphany 깨달음　•obstacle 장애물, 역경

English Secret 2 주요 표현 필사하기

1 슈퍼히어로 영화에서 주인공이 처음부터 모든 것을 갖추고 있다면 영화가 얼마나 지루할지 상상해보셨나요?

Do you ever think about how ___ superhero movies would be if the hero had it all from the start?

_____

_____

_____

2 우리의 관심을 사로잡는 것은 종종 그들이 모든 것이 역경인 상황에서 시작해서, 이야기가 펼쳐지며 그것을 극복하고 일어서는 것입니다.

What captures our attention is often how they start off with everything going against them, only to rise above their challenges as the story _____.

_____

_____

_____

English Secret 3 영작 후 필사하기

1 아무리 상황이 힘들어도, 당신의 고난을 포용하세요.

2 정상에서 시작하는 것은 장애물을 극복해내는 만족을 결코 제공하지 않을 것입니다.

3 당신의 순간이 아직 오지 않았다고 해서 포기할 때가 되었다는 게 아닙니다. 계속 전진
하세요—당신의 하이라이트 장면이 바로 곧입니다.

1 No matter

2 Starting at

3 Just because

Love is everything.

It all comes down to love. When more people enjoy being around you, you'll find yourself enjoying everything more. Imagine having all the success in the world—a mansion, a luxury car—but no one to share it with. It's like having the ingredients for a grand feast but no guests to dine with.

The essence of living well isn't found in solo achievements but in shared joy. It's about improving how you communicate and connect with those you care about.

Show compassion, open up, and share both your victories and challenges with loved ones. Start this today, and watch how it transforms every aspect of your existence.

사랑이 전부입니다

모든 것은 결국 사랑으로 귀결됩니다. 주변 사람들이 당신과 함께 있는 것을 더 즐기게 될 때, 당신 자신도 모든 것을 더 즐기는 것을 발견할 것입니다. 상상해보세요, 세상의 모든 성공을—대저택, 고급차—가졌지만 공유할 사람이 없다면 어떨지. 마치 성대한 잔치의 재료는 다 갖추었지만, 함께 식사할 손님은 없는 것과 같습니다.

잘 살아가는 것의 본질은 혼자서 이루는 성취가 아니라 함께하는 기쁨에 있습니다. 당신이 소중히 여기는 사람들과의 소통과 연결을 개선하는 것이 중요한 것이죠.

온정을 베풀고, 마음을 열고, 사랑하는 이들과 당신의 승리와 역경을 모두 나누세요. 오늘부터 이것을 시작하고, 그것이 당신의 존재의 모든 측면을 어떻게 변화시키는지 지켜보세요.

모든 것을 다 가진, 불행한 부자보다
사랑으로 가득한, 행복한 사람으로
살면 어때요?
Love is everything.

•come down to ~ ~로 귀결되다   •luxury car 고급 자동차   •ingredient 재료
•feast 잔치, 연회   •dine 식사하다, 만찬을 들다   •compassion 연민, 온정

1 모든 것은 결국 사랑으로 귀결됩니다. 주변 사람들이 당신과 함께 있는 것을 더 즐기게 될 때, 당신 자신도 모든 것을 더 즐기는 것을 발견할 것입니다.

It all _____ ___ __ love. When more people enjoy being around you, you'll find yourself enjoying everything more.

2 마치 성대한 잔치의 재료는 다 갖추었지만, 함께 식사할 손님은 없는 것과 같습니다.

It's like having the _____ for a grand feast but no guests to dine with.

English Secret 3 영작 후 필사하기

1 잘 살아가는 것의 본질은 혼자서 이루는 성취가 아니라 함께하는 기쁨에 있습니다.

2 당신이 소중히 여기는 사람들과의 소통과 연결을 개선하는 것이 중요한 것이죠.

3 오늘부터 이것을 시작하고, 그것이 당신의 존재의 모든 측면을 어떻게 변화시키는지 지켜보세요.

1 The essence

2 It's about

3 Start this

Begin the new chapter of your life.

In the 1960 Olympic Games, Wilma Rudolph, a young black woman, shocked the world by winning not one, but three gold medals in track.

Everyone was astounded; she was the underdog no one thought could win. Her victories challenged the historical prejudices and barriers that doubted the capabilities of black athletes, showcasing not just her physical achievement but also her strong belief in her own abilities.

Now, it's your turn. Believing in yourself can make anything possible. You are powerful; don't let challenges hold you back. Change your mindset and start the new chapter of your life right where you are.

당신 삶의 새로운 장을 시작하세요

1960년 올림픽에서, 젊은 흑인 여성 윌마 러돌프는 세계를 놀라게 했습니다. 트랙 경기에서 단 하나가 아닌, 세 개의 금메달을 획득하며 말이죠.

모두가 큰 충격을 받았는데; 그녀는 아무도 승리할 것이라고 생각하지 않았던 이변의 인물이었기 때문입니다. 그녀의 승리는 흑인 선수들의 역량을 의심했던 역사적인 편견과 장벽에 도전하는 것이었고, 단순한 신체적 성취를 넘어 그녀 자신의 능력에 대한 강한 확신을 보여준 것이었습니다.

이제 당신 차례입니다. 자신을 믿으면 무엇이든 가능해집니다. 당신은 강력합니다; 역경이 당신을 멈추지 못하게 하세요. 사고방식을 바꾸고, 지금 바로 그곳에서 당신 삶의 새 장을 시작하세요.

English Secret 1 소리 내서 읽고 필사하기

'뭐든 할 수 있어. 멋져. 최고야.'

예쁘고 좋은 말들, 많이 듣고, 많이 하기.

특히, 당신에게 더.

Now, it's your turn.

•shock 충격을 주다 •astound 큰 충격을 주다 •underdog 약체, 승산 없는 사람
•prejudice 편견 •capability 역량, 능력 •hold back 저지하다, 멈추다

English Secret 2 주요 표현 필사하기

1 1960년 올림픽에서, 젊은 흑인 여성 월마 러돌프는 세계를 <u>놀라게 했습니다</u>. 트랙 경기에서 단 하나가 아닌, 세 개의 금메달을 획득하며 말이죠.

In the 1960 Olympic Games, Wilma Rudolph, a young black woman, _____ the world by winning not one, but three gold medals in track.

2 모두가 <u>큰 충격을 받았는데</u>, 그녀는 아무도 승리할 것이라고 생각하지 않았던 이변의 인물이었기 때문입니다.

Everyone was _____; she was the underdog no one thought could win.

1 그녀의 승리는 흑인 선수들의 역량을 의심했던 역사적인 편견과 장벽에 도전하는 것이 었고, 단순한 신체적 성취를 넘어 그녀 자신의 능력에 대한 강한 확신을 보여준 것이었 습니다.

2 이제 당신 차례입니다. 자신을 믿으면 무엇이든 가능해집니다. 당신은 강력합니다; 역 경이 당신을 멈추지 못하게 하세요.

3 사고방식을 바꾸고, 지금 바로 그곳에서 당신 삶의 새 장을 시작하세요.

1 Her victories

2 Now, it's

3 Change your

Secret Plus 영크릿의 원어민처럼 발음하기 ❽

❶ 영상에서 저자의 발음을 직접 들어봅시다.
❷ 저자의 발음을 따라 소리 내서 읽어봅시다.
❸ 밑줄 친 발화 포인트를 살려서 다시 발음해봅시다.
❹ 해당 본문을 본인의 목소리로 녹음해봅시다.

Begin the new chapter of your life.

In the 1960 Olympic Games, <u>Wilma Rudolph, a young black woman</u>, shocked the world by winning <u>not one, but three gold medals</u> in track.

Everyone was astounded; she was the underdog no one thought could win. Her victories challenged the historical prejudices and barriers that doubted the capabilities of black athletes, <u>showcasing not just her physical achievement but also her strong belief</u> in her own abilities.

<u>Now, it's your turn</u>. Believing in yourself can make anything possible. You are powerful; don't let challenges hold you back. Change your mindset <u>and start the new chapter of your life right where you are</u>.

It all comes down to love.
Start the new chapter of your life
right where you are.

결국, 모든 것은 사랑으로 귀결됩니다.
바로 지금 그곳에서 당신
삶의 새 장을 시작하세요.

Note

Note

하루 한 장,
인생이 바뀌는 영어 필사

초판 1쇄 인쇄 2024년 9월 10일
초판 1쇄 발행 2024년 9월 30일

지은이 | 영크릿(김태형)
펴낸이 | 권기대
펴낸곳 | ㈜베가북스

주소　　| (07261) 서울특별시 영등포구 양산로17길 12, 후민타워 6-7층
대표전화 | 02)322-7241　　**팩스** | 02)322-7242
출판등록 | 2021년 6월 18일 제2021-000108호
홈페이지 | www.vegabooks.co.kr　**이메일** | info@vegabooks.co.kr
ISBN | 979-11-92488-91-2 (13740)

* 책값은 뒤표지에 있습니다.
* 잘못된 책은 구입하신 서점에서 바꾸어 드립니다.
* 좋은 책을 만드는 것은 바로 독자 여러분입니다.
* 베가북스는 독자 의견에 항상 귀를 기울입니다. 베가북스의 문은 항상 열려 있습니다.
* 원고 투고 또는 문의사항은 위의 이메일로 보내주시기 바랍니다.